JN395287

하나님의 길에 우연은 없다

This book was first published in the United States by Moody Publishers,
820 N. LaSalle Blvd., Chicago, IL 60610 with the title

We Travel an Appointed Way

by A. W. Tozer

Copyright © 1988 by The Moody Bible Institute of Chicago
Translated by permission.
All rights reserved.

This Korean Translation Copyright © 2017 by Kyujang Publishing Company

이 한국어판의 저작권은 저작권자와 독점 계약한 규장 출판사에 있습니다.
신 저작권법에 의하여 한국 내에서 보호 받는 저작물이므로
무단 전재와 무단 복제를 금합니다.

A. W. 토저 마이티 시리즈(A. W. TOZER Mighty Series)

토저는 교인수의 성장을 위해서라면 대중의 인기에 야합하고, 거대 기업의 경영방식을 무차별 차용하고, 할리우드 엔터테인먼트 방식을 예배에 도입하는 것에 대해 통렬한 비판을 가하였다. 그는 현대의 교회가 물량적 성장을 위해서라면 교회의 순결성을 포기하는 듯한 자세를 보일 때는 그것을 좌시하지 않고 언제나 선지자의 음성을 발하였다. 듣든지 안 듣든지 이스라엘 교회의 세속화를 준열히 책망했던 예레미야처럼, 토저도 시대에 아부하지 않고 하나님교회의 순정성(純正性)을 파수하기 위해 '강력한'(Mighty) 말씀을 선포했다. 그래서 토저는 '이 시대의 선지자'라는 평판을 들었다. 토저가 신앙의 개혁을 위해 외쳤던 뜨겁고 강력한 메시지를 이 시대의 우리도 들어야 한다. 말씀과 성령에 의한 개혁이 절실히 필요한 이때, 규장에서 토저의 강력한(Mighty) 메시지들을 'A. W. 토저 마이티(Mighty) 시리즈'로 출간한다.

"토저의 설교는 설교단에서 발사되어 청중의 마음을 관통하는 레이저 광선과 같다." - 워런 위어스비

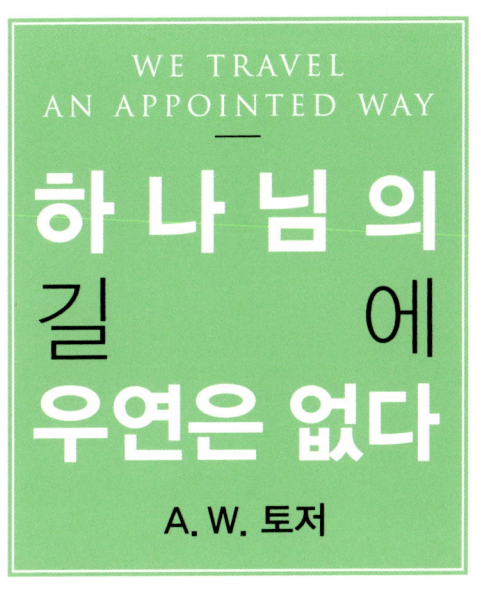

CONTENTS

영문판 편집자의 글　5

part 1 최선의 **길을 걷다**

01　우리는 정해진 길을 간다 / 12

02　옳은 길은 하나뿐이다 / 15

03　성령의 증거 / 20

04　지성의 종교 vs. 성령의 종교 / 27

05　자기비판은 반드시 필요하다 / 33

06　사실과 진리 / 38

07　진리도 문제를 일으킨다 / 41

part 2   변하지 않는 **진리를 좇다**

08   변하는 세상, 변하지 않는 진리 / 46

09   건전한 의심의 눈길이 필요한 때 / 50

10   유일한 생명의 책, 성경 / 53

11   영적 자격을 갖추라 / 57

12   말씀은 선택사항이 아니다 / 61

13   조건 없는 기도 / 65

14   영혼의 친구, 찬송가 / 69

part 3   그리스도 안에서 **위로를 얻다**

15   우리의 짐을 대신 지신 그리스도 / 76

16   죄인들을 위한 주님의 기도 / 79

17   다른 이들의 연약함을 참아주어라 / 82

18   완전히 아름다우신 분 / 87

19   하나님이 주신 최고의 선물 / 91

20   바울의 고난이 주는 위로 / 94

21   우리의 형제, 베드로 / 100

22   하찮은 그리스도인은 없다 / 106

part 4 진정한 **그리스도인으로 살다**

23 낭비가 이끄는 비극의 길 / 112
24 성공은 대가를 치러야 얻을 수 있다 / 118
25 엉뚱한 곳에 관심을 쏟지 마라 / 122
26 그리스도인이 미움 받는 진짜 이유 / 126
27 계층의식에서 벗어나라 / 130
28 말이 올무가 되지 않게 하라 / 136
29 허세와 교만을 경계하라 / 143
30 우리에게 가장 부족한 것 / 148

part 5　내일을 준비할 **기회를 얻다**

- **31**　인생의 가을바람　/　156
- **32**　겸손은 언제나 통한다　/　161
- **33**　남을 탓하는 것은 사치이다　/　164
- **34**　사랑은 의지요 의도이다　/　169
- **35**　거룩한 사람, 거룩한 행위　/　174
- **36**　수동태에서 능동태로　/　179
- **37**　오늘, 내일을 준비할 기회　/　183
- **38**　다시 돌이키라　/　188

영문판 편집자의 글

사랑받는 자가 걷는 길

토저는 '기독교선교연합'의 교단지 〈연합생명〉(Alliance Life)의 편집자로 14년간 재직하면서 많은 사설을 썼다. 이 책은 그의 사설(社說)을 모아 만든 책 중 하나다.

이 책의 제1장으로 선택된 사설에서 토저는 종교개혁가 마르틴 루터처럼 '불신앙이 인간의 근원적 문제'임을 인정한다. 하나님의 말씀 뒤에 있는 하나님을 찾는 사람들이 믿음을 가진 사람이다.

'참된 믿음의 소유자'는 오감과 지성이 현실을 어떻게 평가하든 간에 각자의 인생이 하나님께서 정하신 대로 흘러간다고 믿는다. 그런 사람은 '정해진 길'을 간다. 그 여행은 하나님의 숨겨진 섭리의 은밀한 각본이 정해 놓은 것이다. 그분의 각본에서 불운은 가능성의 범위 밖에 있다.

불신자는 "나는 하나님의 뜻을 이루는 도구에 불과하구나!"라고 탄식하지만, 신자는 "나는 하나님께 사랑받는 자구나!"라고 노래한다.

오래 전에 토저의 독자가 된 사람이든 최근에 독자가 된 사람이든 모두 종교개혁 신앙의 정수(精髓)를 담고 있는 이 아름다운 글들에서 영적 자양분을 찾아내기를 바라는 마음이 간절하다.

해리 버플로

WE TRAVEL
AN APPOINTED WAY

1

최선의
길을 걷다

우리는 정해진 길을 간다

하나님의 자녀에게는 '우연'이라는 것이 없다. 그는 정해진 길을 간다. 그 길은 그가 존재하기 전에, 그의 존재가 오직 하나님의 마음속에만 있었을 때 이미 그를 위해 정해졌다.

어떤 사고가 갑자기 그를 덮치고 불행이 살금살금 그의 길로 다가오는 것처럼 보일 수도 있지만, 그건 겉으로만 그렇게 보일 뿐이다. 이런 것들이 불운이라고 느껴지는 이유는 우리가 하나님의 숨겨진 섭리의 은밀한 각본을 읽을 수 없고, 그분의 최종 목적을 알 수 없기 때문이다.

참된 믿음이 찾아오면 우연과 불운은 영원히 사라진다. 우연과 불운은 성령으로 난 사람들을 좌지우지할 수 있는 권한을 갖지 못한다. 그들이 새 창조의 아들이며, 지극히 높으신 하나님의 특별한 보살핌을 받는 대상이기 때문이다.

여기 이 땅에 머무는 동안에는 그들 역시 자연의 법칙에 굴복해야 하기에 질병이나 노화나 죽음을 피할 수는 없다. 분별력이 부족한 사람들은 이것을 보고 "그리스도인들도 다른 사람들과 다를 것 없구나"라고 중얼거릴 것이다.

그러나 세상 사람들이 기독교에 대해 내리는 다른 모든 판단들과 마찬가지로, 이 문제에 있어서도 세상은 겉모습을 보고 속는 것이다. 이 믿음의 사람들이 그리스도와 함께 하나님 안에 감추어져 있다는 것을 보지 못하기 때문이다(골 3:3).

참된 믿음의 사람은 주께서 그의 발걸음을 정해 놓으셨다고 확신해도 좋다. 하나님께서 그를 위해 정해 놓으신 시간보다 한 시간 앞서 그가 세상을 떠나는 일은 일어나지 않는다. 그리고 그는, 그분이 그를 이 땅에서 데려가기 원하시는 때를 한 순간이라도 넘길 수 없다. 그는 이 넓고 넓은 세상에서 의지할 곳 없는 떠돌이거나 시간과 공간의 업둥이가 아니라 주님의 성도요 그분이 특별히 돌보시는, 사랑받는 자이다.

이 모든 것은 단지 꿈같은 이야기가 아니며, 어둡고 적대적인 세상에서 외로움과 두려움에 떨고 있는 영혼을 감싸주기 위해 만든 위로의 교리도 아니다. 이것이 없으면 진리가 무너지고 만다. 이것은 이 주제에 관한 성경의 교훈을 공정하게 요약한 것이므로, 우리가 진리의 성경의 다른 모든 교훈들처럼 기쁨과 경건한 마음으로 받아들여야 한다.

그러므로 이제 나는 더 이상 의심하지 않고
그분의 기쁨 안에서 안식하노라
그분의 지혜와 사랑과 진리와 능력에 의지해
복된 자가 되려 하노라

CHAPTER 2

옳은 길은 하나뿐이다

하나님과 사람 사이의 논쟁이 있는 곳에서는 언제나 하나님이 옳으시고 사람은 틀린 것이다.

"주께서 말씀하실 때에 의로우시다 하고 주께서 심판하실 때에 순전하시다 하리이다"(시 51:4).

그러므로 누구든지 옳은 입장이 되려면 하나님의 편으로 넘어오는 수밖에 없다. 자기의 견해를 계속 고수하는 사람은 언제까지나 잘못된 입장에 서 있게 된다.

하나님의 길과 사람의 길이 교차하는 지점은 대략 네 가지라고 할 수 있다(물론, 이 네 가지보다 더 많을 수도 있다). 그러므로 우리와 하나님 사이의 다른 점은 흔히 다음 네 영역 중 하나에 해당된다.

첫째는 사고의 영역이다. 하나님의 계시는 사람의 생각들이 헛되다고 선언한다. 이사야의 예언을 통해 하나님은 논평이 거의 필요 없을 만큼 분명히 그분의 생각을 우리에게 밝히셨다.

"이는 내 생각이 너희 생각과 다르며 내 길은 너희의 길과 다름이니라 여호와의 말씀이니라 이는 하늘이 땅보다 높음같이 내 길은 너희의 길보다 높으며 내 생각은 너희의 생각보다 높음이니라"(사 55:8,9).

둘째는 도덕적 기준의 영역이다. 의(義)에 대한 개념은 아마도 이 세상 사람들의 숫자만큼이나 많을 것이다. 하지만 어떤 개념이 다른 개념보다 더 좋다고 주장하는 것은 헛된 일이다. 우리의 판단 척도는 어떤 도덕률이 가장 좋은가 하는 것이 아니라, 특정 도덕률이 성경의 교훈에 부합하느냐 하는 것이 되어야 한다.

온 땅의 주님은 인류를 향한 그분의 도덕적 의지(意志)를 기독교의 경전을 통해 선언하셨다. 그러므로 그것을 찾아 복종하는 것이 지극히 깊은 지혜이다. 그렇게 하지 않으면 우리는 마음에 가득한 거짓에 휘둘리게 된다. 모든 신앙인에게는 하나님의 뜻이 곧 의이다. 믿음이 있는 사람은 그분의 뜻에 이의를 제기하지 말고 그것을 받아들여 논쟁을 끝내야 한다.

하나님과 우리 사이에 논쟁이 일어날 가능성이 있는 세 번째 영역은 생활방식이다. 여기서 '생활방식'이라 함은 우리가 기본적으로 가지고 있는 도덕적 개념들의 영향을 받아 이 땅에서 살아가는 삶 전체와 관련된다. 생활방식은 도덕률이 날마다의 생활 속에서 표현되는 것이다.

하나님과 우리 사이의 논쟁의 네 번째 영역은 계획의 영역이다. 원칙적으로 하나님의 진리를 자신의 행동 기준으로 받아들이고 그리스도를 주님으로 모신 그리스도인이라 할지라도 자기 나름의 계획을 세우려는 유혹이나, 심지어 그 계획을 문제 삼는 성경 말씀이나 성령의 내적 음성에 대항해 싸우려는 유혹에 빠질 수 있다.

본래 인간이라는 존재는 다산적이고 계획을 세우기 좋아하는 종족이며, "내일 나는 … 하리라"라고 말하기를 좋아한다. 그러나 우리의 하늘 아버지께서는 우리를 너무 잘 아시기 때문에 우리의 계획을 이루려는 우리의 방법을 믿지 않으신다. 그래서 아주 종종 그분은 우리에게 그분의 계획을 알려주시며 그것을 받아들이라고 요구하신다. 바로 이 점에서 우리와 그분 사이에 논쟁이 생긴다. 하지만 그럴 때는 우리의 길을 고집하지 않는 것이 좋다. 우리의 길을 고집하는 것은 결국 우리에게 나쁜 일이 되기 때문이다. 그분의 길이 최선의 길이다.

사람들 사이에서 문제가 생기면 대개는 두 개 이상으로 편이 갈리며, 때로는 여러 편으로 갈리기도 한다. 종종 찬반양론이 너무 팽팽히 맞서기 때문에 어느 편이 옳은지를 판단하는 것이 사실상 불가능할 때도 있다. 그러나 하나님과 문제가 생긴 경우에는 오직 한 편만이 있다. 그분의 편은 선하고 거룩하며, 다른 편은 모두 잘못된 것이다. 그분 뜻의 중심에서 멀어질수록 잘못은 더욱 깊어지고 심각해진다.

도덕적 파산(破産)에 빠지지 않으려면 즉시 하나님 편으로 넘어가 거기에 머물러야 한다. 그렇게 하면 사람들의 철학이나 도덕률과 충돌하는 경우가 많아지겠지만, 그래도 그렇게 해야 한다. 하나님에게 맞서면 승리할 수 없고, 그분 편에 서서 일하면 패배할 수 없다.

그렇다면 어느 쪽으로 가야 하나님의 편에 서는 것인지를 확실히 알 수 있는 방법은 무엇일까? 이 말세에 이런 질문을 던져야 할 필요가 있는 사람이 있을까 하는 생각이 들기도 하지만, 워낙 많은 이들이 정말 진심으로 이렇게 질문하므로 기꺼이 대답하겠다. 내 대답은 '하나의 책'이 있다는 것이다!

이 책은 자신에 대해 "하나님이 이 모든 말씀으로 말씀하여 이르시되"(출 20:1)라고 말한다. 그리고 이 책에 대해서는 "크도다 경건의 비밀이여, 그렇지 않다 하는 이 없도다 그는 육신으로 나타난 바 되시고 영으로 의롭다 하심을 받으시고 천사들에게 보이시고 만국에서 전파되시고 세상에서 믿은 바 되시고 영광 가운데서 올려지셨느니라"(딤전 3:16)라고 선포되었다. 이 책의 지식은 모든 어두운 길에 빛을 비추어주고, 온갖 논쟁에서 어느 편이 옳은지를 보여줄 것이다. 물론, 이 책은 성경이다!

놀라운 영광이 거룩한 책을 금빛으로 빛나게 하니
햇살처럼 장엄하도다!
이 책은 모든 시대에 빛을 주니
주되 빌려 오지 않도다

성령의 증거

최근에 어떤 사람이 내게 "목사님께서 《능력을 얻는 길》(Paths to Power)이라는 책에서 하신 말씀이 무슨 뜻인지 궁금해서 편지를 씁니다"라며 편지를 보내왔다. 몇 년 전에 나는 이 책에서 "자신의 성령충만을 의식하지 못하면서 성령충만을 받는 사람은 아무도 없다. 언제나 성령은 인간의 의식(意識)에게 자신을 알리신다(announce)"라고 말했다.

내게 편지를 쓴 이 사람은 '알리신다'라는 내 표현 때문에 고민에 빠졌던 것이다. '성령께서 알리신다는 것은 무엇인가?', '우리는 그것을 어떻게 알 수 있는가?', '그것은 신체적(물질적)으로 주어지는 어떤 증거인가 아니면 그 밖의 다른 무엇인가?'

이런 의문들에 사로잡혔던 것이다.

이런 문제들은 지금 이 글에서 내가 제시하고자 하는 것보다 훨씬 더 광범위한 논의를 필요로 한다. 그래도 이 글의 몇 가지 주장은 영적 증거가 어떤 것인지에 대해 궁금해 하는 사람들에게 도움이 될 것이라 여긴다.

우리 안에서 일하시는 성령님

성령께서 사람들의 영혼 안에서 은밀히 일하시는 경우들이 있는 것은 사실이다. 그러나 그런 경우들에는 그들이 그분의 일하심에 대해 전혀 알지 못하며, '혹시 성령께서 내 안에서 일하시는 것은 아닌가?'라는 의문이 생기지도 않는다. 사실, 어떤 사람에게서 성령의 열매들이 나타날 때 정작 본인은 그것을 모르는 경우가 허다하다.

사랑과 오래 참음과 자비가 넘치는 사람은 자신에게 이런 미덕들이 있다는 것을 잘 모르고, 오히려 자신에게 이런 것들이 전혀 없다고 믿기 일쑤이다. 그가 자신의 미덕들을 깨닫기 훨씬 전부터 주변 사람들은 성령께서 그 안에서 일하시는 것을 보고 그의 아름다운 신앙적 성품에 대해 하나님께 감사하지만, 정작 본인은 자신에게 미덕들이 없다고 슬퍼하며 겸손한 마음으로 하나님 앞에서 행한다.

하나님께서 은밀히 일하시는 또 다른 경우가 있다. 이때 우리는 그것을 의식하지 못할 수도 있고, 아니면 그것이 무엇인지를 정확히 알지 못할 수도 있다. 이런 놀라운 하나님의 행하심을 가리켜 신학에서는 '선행적(先行的) 은혜'라는 표현을 사용한다.

선행적 은혜에 해당하는 것들의 예를 들자면, 죄를 깨닫게 하는 것, 이 세상의 그 무엇으로도 채울 수 없는 알 수 없는 갈망, 영원한 가치들을 향한 강한 열망에 사로잡히는 것, 죄에 대한 혐오감, 혐오스런 죄의 사슬에서 건짐 받기 바라는 마음 같은 것이 있다. 성령께서 인간의 마음속에 이런 알 수 없는 것들은 불러일으키시지만, 이런 체험을 하는 당사자는 이런 것들이 성령의 일하심이라는 것을 거의 인식하지 못한다.

방금 말한 하나님의 두 가지 행하심과는 다른 두 가지 행하심이 또 있다. 이런 경우에 하나님을 찾는 사람은 그분이 자기 안에서 일하심을 반드시 의식하게 된다. 두 가지 중 하나는 신생(新生)의 기적이고, 다른 하나는 성령의 기름부음이다.

신생에 대해 바울은 "성령이 친히 우리의 영과 더불어 우리가 하나님의 자녀인 것을 증언하시나니"(롬 8:16)라고 분명히 밝히고 있고, 요한도 "하나님의 아들을 믿는 자는 자기 안에 증거가 있고"(요일 5:10)라고 말한다. 그런데 이 두 성경 구절은 하나님이 증언(증거)하신다는 사실을 말하는 것이지, 그것이 무엇인지를 밝히는 것은 아니다.

이 차이점을 이해하지 못한 다양한 그룹의 사람들은 그들 나름의 특이한 체험들에 근거해 이 구절들을 해석했고, 자신들의 해석을 잣대로 삼아 다른 모든 이들의 영적 주장들을 판단했다. 어떤 그룹은 "나는 회심할 때 서 있었는데 이상할 정도로 몸이 가벼웠습니다"라고 말하고, 또 어떤 그룹은 음성이 들렸다거나 빛을 보았다거나 '보이지 않는 손'이 자기 위로 지나가는 것을 느꼈다고 말한다. 어떤 지역의 신자들은 "새 회심자는 큰 소리로 외쳐야 한다. 그렇지 않으면 그의 신앙고백을 받아들일 수 없다"라고 주장한다.

참된 믿음의 뿌리

그렇다면 성령충만의 경우는 어떨까? 어떤 이들은 성령충만에 뒤따르는 강렬한 감정의 양(量)과 질(質)을 잣대로 삼아 성령충만을 판단한다. 심지어 어떤 이들은 "특별한 신체적 현상들, 특히 방언을 말하는 현상을 체험하지 못한 사람은 성령충만을 받은 것이 아니다"라고 잘라 말한다. 또 어떤 이들은 사역을 위한 능력이나 강렬한 기쁨이 성령충만을 판단하는 중요한 기준이 되어야 한다고 주장한다.

그러나 이런 모든 말들은 성경적으로나 심리적으로나 모두 잘못된 것이다. 이런 모든 것은 인간 영혼의 본질에 대한 오해, 그리고 인간의 영과 하나님의 영 사이의 관계에 대한 오해에서 비롯되었다.

속량 받은 사람들의 마음속에서 일하시는 하나님의 행하심은 언제나 그들의 행동으로 나타나 다른 사람들의 눈에 보이기 마련이다. 새로 회심한 사람의 삶에서는 즉시 이런저런 도덕적 변화들이 나타난다. 그의 내면에서 일어난 영적 혁명이 그의 외형적 행동의 혁명으로 드러난다. 복음전도자들이 흔히 말하듯이, 가장(家長)이 회심하면 그 집의 고양이도 그것을 느끼게 된다. 고양이뿐만 아니라 동네 식료품점 주인도 느끼게 된다. 심지어 그가 자주 찾아가서 많은 시간을 보내곤 했던 곳에 모이는 친구들도 "매일 출근하다시피 하던 저 친구가 발길을 끊은 것을 보니 무슨 일이 일어난 모양이네"라고 말하게 된다. 그렇지만 이 모든 것들은 그의 신앙고백의 진정성에 대한 부차적 증거일 뿐, 그의 마음을 보여주는 증거도 아니고 성령의 증거도 아니다.

성령의 증거는 설명될 수 없는 '거룩한 내적인 것'이다. 이것은 지극히 개인적인 것으로, 한 사람에게서 다른 사람에게로 전달될 수 없다. 하나님의 폭포 소리에 깊은 바다가 서로 부르지만(시 42:7), 밖으로 향하는 귀는 그 소리를 듣지 못한다. 옆에서 보는 세상 사람들은 회심자에게서 무슨 일이 일어나고 있는지 더욱 모른다.

성령께서 속삭임을 통해 그분의 신비로운 임재를 인간의 마음에 알려주시면, 인간의 마음은 자기가 그것을 '어떻게' 아는지를 이해하지 못하면서도 그것을 안다. 어떤 증거에 의존하지 않고도 우리가 살아 있다는 사실을 직접적 인식에 의해 알 수 있듯이, 우리가 성령 안에서 살아 있다는 것을 알 수 있다. 어떤 추론도 하지 않고, 이성의 도움을 전혀 받지 않아도 직접적 인식에 의해 알 수 있다.

이런 증거는 사람의 영의 은밀한 부분 안에 있으며, 증명이 불가능할 정도로 깊은 곳에 존재한다. 거기에서는 외적 증거가 아무 힘을 발휘하지 못하고 표적들이 무용지물이 된다.

이제 결론이 우리의 눈에 확연히 드러나고 있다. 믿는다고 하는 그리스도인들을 둘로 구분할 때 잣대가 되어야 할 중요한 기준은 그 사람이 현대주의자인가 아니면 복음주의자인가 하는 것이 아니다(유감스럽게도, 오늘날 사람들은 이 기준을 중요하게 여긴다).

믿는다고 하는 그리스도인들을 가르는 참된 기준은 기독교를 머리로 이해할 수 있는 공식(公式)으로 만들어버린 사람들과 단순한 이성으로는 접근할 수 없는 영혼의 깊은 부분에서 일하시는 성령의 초자연적 행하심이 참된 믿음의 뿌리라고 믿는 사람들 사이에 그어져야 한다.

지성의 종교 vs. 성령의 종교

신약성경이 가르치는 신앙에는 깊은 영적·신비적 요소가 들어 있다. 우리가 이름뿐인 그리스도인에 머물지 않으려면 이 요소를 무시해서는 안 된다.

내가 볼 때 하나님을 경배하는 우리의 마음이 우리의 신학적 질문들에 대해 결정하게 하는 것이 좋을 것 같다. 참된 빛의 최고의 원천은 언제나 '성령의 조명을 받은 마음'이기 때문이다.

하나님을 향한 사랑으로 불타는 사람은 진리를 직관(直觀)하게 될 것이다. 즉 베일을 열어젖히고 들어가 '어떤 것'을 보고 듣게 될 것이다. 그 '어떤 것'은 합법적으로는 발설될 수 없는 것이며, 심지어 머리로 이해될 수도 없는 것이다.

새로운 전쟁

내가 볼 때, 오늘날 신학의 전쟁은 근본주의와 자유주의 사이의 싸움이 아니다. 이 두 개 사이의 전쟁은 지나간 과거의 싸움이며 승패는 이미 드러나 있다. 성경에 기초한 신학과 인간이 만들어낸 자유주의 중 어떤 것이 옳은가 하는 문제에서 혼란을 느낄 필요는 전혀 없다. 근본주의와 자유주의는 그들이 하고 싶은 말을 거침없이 다 해버렸다. 그러므로 사람들은 이제 성경의 영감, 예수 그리스도의 신성, 속죄의 보혈을 통한 구원, 죽음과 심판, 천국과 지옥 같은 문제에서 자기가 어디에 서 있는지를 충분히 판단할 수 있게 되었다. 오늘날의 진짜 전선(戰線)은 이런 문제들과는 다른 곳에 형성되어 있다.

종교에서 결정적 충돌은 언제나 중요한 개념들이 서로 대립하는 곳에서 일어나기 마련이다. 이런 개념들은 기독교 신앙을 구하거나 무너뜨릴 수도 있을 만큼 매우 중요한 개념들이다. 그렇다면 역사의 갈림길에 서 있는 교회에서 지금 벌어지고 있는 싸움은 누구와 누구의 싸움인가?

이 전쟁의 한쪽 편에 서 있는 사람들은 인간의 지성(知性)에 의해 그 전모가 이해될 수 있는 객관적 기독교를 붙드는 사람들이다. 그리고 그 반대편에 서 있는 사람들은 신앙적 체험의 깊은 영역이 따로 있다고 믿는 사람들이다. 후자에 의하면, 이 영역은 깊은 영적인 것이며, 우리의 단순한 이성을 초월해 있는 것이기 때문에 성령의 특별한 기름부음이 있어야만 인간의 마음이 그것을 이해할 수 있다고 한다.

그런데 이 두 무리의 차이는 단지 학문적인 것에 그치지 않는다. 만일 종교적 지성주의가 이 세대 교회의 방향을 결정해 버린다면, 다음 세대의 그리스도인들은 무기력하게 죽은 정통의 희생자가 되어버릴 것이다.

이런 신(新)지성주의의 옹호자 중 한 사람과 대화하던 중에 나는 불쑥 질문을 건넸다.

"기독교 신앙의 본질적인 모든 것이 정말 인간의 지성에 의해 이해될 수 있다고 믿습니까?"

그러자 그는 즉시 이렇게 대답했다.

"물론이죠. 그렇게 믿지 않는다면 지금 나는 불가지론(不可知論)을 향해 나아가고 있을 겁니다."

나는 더 이상 아무 말도 하지 않았지만, 만일 말을 했더라면 "그렇게 믿고 있다면 당신은 이성주의를 향해 가고 있는 것입니다"라고 말해주는 것이 옳았을 것이다. 진리의 세계는 바로 그런 식으로 작동하기 때문이다.

옳은 길을 찾기 위해 고심하는 오늘날의 그리스도인에게 가장 이해하기 힘든 문제 중 하나는 그토록 선하고 진실해보이는 종교 지도자들이 어째서 신약성경의 분명한 교훈과 모범에서 그토록 멀리 벗어나고 있는가 하는 것이다.

함께할 수 없는 것들이 공존하는 이유

성경을 사랑하는 복음주의자들이 순진하게도 기독교의 본질과 공존할 수 없는 완전히 이질적이고 파괴적인 요소들을 오늘날의 예배와 봉사 안으로 끌어들이고 있다. 그러나 두 가지는 본래 함께할 수 없기에, 이런 요소들과 기독교의 본질 중에서 어느 한쪽은 사라질 수밖에 없다. 마치 기생충처럼 붙어 있는 이런 이질적인 것들이 제거되지 않으면 머지않아 그것들 때문에 기독교 신앙이 파괴될 것이다. 그런데도 열정적인 정통주의 지도자 중 어떤 이들은 교회에서 이 치명적인 것들을 오히려 조장하고 있다. 왜 그럴까?

그 대답은 의외로 간단하다. 이런 지도자들은 실천의 문제에서 인도함을 받아야 할 상황에 처하면 자신의 머리를 의존

한다. 그들이 볼 때 진리는 축적된 교리이며, 그들을 천국으로 이끌어주는 신학적 지도(地圖) 같은 것이다. 그들은 올바른 방향으로 가고 있는지를 지도에서 확인한 다음에는 자기의 힘으로 나아간다. '보이지 않는 인도자'를 필요로 하지 않는 것이다. 만일 의심이 찾아와 공격하면 그들은 가로등 기둥 옆에 서서 '나는 그리스도를 영접했으니 아무 문제 없을 거야'라고 자신을 안심시킨다. 그리고 자기가 사도나 선지자들과 같은 길을 가고 있다고 확신하면서 다시 길을 가기 시작한다.

오늘날 많은 이들의 입에 오르내리는 질문, 즉 "종교는 번성하고 도덕은 쇠퇴하는 일이 동시에 일어나는 이유는 무엇인가?"라는 질문에 대한 대답은 바로 이 잘못, 즉 종교적 지성주의의 잘못에서 발견된다. 사람들은 경건의 모양은 갖추었지만 그 능력은 부인한다.

성경 본문만으로는 우리의 도덕적 삶이 향상되지 않는다. 도덕의 능력이 나타나기 위해서는 진리에 신비적 요소, 즉 진리의 영께서 주시는 요소가 더해져야 한다. 우리가 성령을 부차적 존재로 격하시킨다면, 그에 따르는 끔찍한 대가를 반드시 지불하게 될 것이다.

오늘날 우리가 그로 인해 치르는 대가가 무엇인가? 그것은 초조해 하고, 어색한 웃음을 웃으며, 세상적이고 철저히 육신적인 근본주의가 온 나라에 퍼져나가는 현상이다. 이런 근본주의는 교리적으로는 성경적 신앙의 옷을 입었을지 몰라도, 그 밖의 점에서는 그리스도와 사도들의 종교를 전혀 닮지 않았다.

종교의 문제에서 우리에게 일어날 수 있는 이런저런 위험을 피하려면 성령의 신비로운 임재가 절대적으로 필요하다. 광야에서 불기둥이 이스라엘 민족을 이끌어주었듯이 진리의 성령께서 우리의 영적 여행을 처음부터 끝까지 이끌어주셔야 한다. "너는 마음을 다하여 여호와를 신뢰하고 네 명철을 의지하지 말라"(잠 3:5)라는 단 하나의 구절에 순종할 마음만 있어도 우리의 상태는 크게 좋아질 것이다.

자기비판은 반드시 필요하다

다른 모든 조건들이 동일하다고 전제할 때, 그리스도인의 영적 진보는 그의 자기비판 능력에 정확히 비례한다.

바울은 "우리가 우리를 살폈으면 판단을 받지 아니하려니와"(고전 11:31)라고 말했다. 자신을 엄격히 비판하는 사람이 하나님의 엄한 심판을 피할 수 있다는 것이다. 진리는 이토록 간단하다!

"자꾸 반복하면 완전해진다"라는 격언이 종종 우리의 귀에 들린다. 그러나 사실을 말할 것 같으면, 겸손한 자기비판의 마음 없이 잘못된 일을 계속하면 완전해지기는 커녕 오히려 그 수렁에 점점 더 깊이 빠져든다.

겸손한 태도가 변화를 가져온다

본래 교육이라는 것은 '배우는 자가 잘못된 것을 교정받으려 한다'는 전제 아래 이루어지는 것이다. 학생이 겸손한 마음으로 선생에게 나아오지 않으면 선생은 학생을 고칠 수 없다. 배우는 자가 취할 수 있는 유일한 바른 태도는 겸손한 자기 불신이다. 겸손한 학생은 "나는 아는 것이 없으므로 가르침을 받기 원합니다. 나는 잘못되었으니 고침 받고 싶습니다"라고 말한다. 이렇게 어린아이 같은 마음이 되었을 때 비로소 개선의 가능성이 생긴다.

영적 삶의 개선이 얼마나 빨리 이루어지는가 하는 것은 '일상생활'이라는 학교와 '기도'의 영역에서 자기비판을 얼마나 철저히 실행하는가에 전적으로 달려 있다. 자신이 목표에 이미 도달했다는 망상에 빠진 사람의 경우, 자신의 망상을 깨닫고 버리기 전에는 일체의 진보가 불가능하다. 바울은 "내가 이미 얻었다 함도 아니요 온전히 이루었다 함도 아니라 오직 내가 그리스도 예수께 잡힌 바 된 그것을 잡으려고 달려가노라"(빌 3:12)라고 말했다.

일부 그리스도인들은 시간이 흘러가면 더 좋아질 것이라는 막연한 기대를 갖고 있다. 그들은 세월의 흐름에 따라 자신의 신앙이 더욱 깊어져서 그리스도를 더욱 닮게 되기를 바란다. 그러나 이런 생각은 미숙하고 한심한 것이다.

  옆에서 보는 사람들은 이런 생각 자체가 잘못되었다는 것을 지적해주고 싶지만 용기를 내지 못해 망설이기도 한다. 그러나 촉촉한 눈으로 헛꿈을 꾸며 큰 착각에 빠져 있기보다는 오류를 바로잡을 수 있는 시간이 그래도 남아 있을 때 사실을 바로 아는 것이 좋다. 구부러진 그리스도인이 고침을 받지 않으면 세월이 흘러가도 역시 구부러져 있을 것이다. 구부러진 나무가 세월이 흘러도 그대로 구부러져 있듯이 말이다.

  요컨대, 그리스도인이 영적으로 성장하려면 '생명을 주는 회개의 물'을 늘 그의 뿌리로 끌어들여야 한다. 회개의 마음을 키워나가는 일은 영적 진보에 절대적으로 필요하다. 위대한 성도들의 삶은 자기 불신이 경건의 필수 요소임을 가르쳐준다. 심지어 순종적인 사람이 하나님 앞에 엎드려 있을 때에나 자기가 온전한 양심으로 하나님의 뜻을 행하고 있다고 확신하며 믿음의 길을 갈 때에도, 자신이 마땅히 있어야 할 곳에서 멀리 떨어져 있는 완전히 망가진 사람이라고 느낄 수 있다. 이것은 겸손한 사람이 주님을 알기 위해 계속 힘쓰며 노력할 때 처하게 되는 여러 가지 역설적(逆說的) 상황 중 하나이다.

난공불락의 성을 쌓는 사람들

우리 모두는 자신이 옳다는 난공불락의 전제 아래 자신의 논리를 펴나가는 사람을 겪어보았을 것이다. 또, 모든 의문을 풀었다고 주장하지만 그에 대한 합리적 이유는 제시하지 못하고 다만 자기의 경력이나 자질을 자기 주장의 근거로 내세우는 사람의 편지를 받아본 경험도 있을 것이다.

이런 사람들은 "당신이 어떻게 감히 내 행동을 문제 삼습니까? 내 분야에서는 내가 가장 앞서가는 지도자입니다. 나는 여러 해 동안 많은 책을 썼고, 많은 사람에게 강연을 했습니다"라고 말한다. '고로, 나를 하찮게 여기지 말고 내 견해에 이견(異見)을 달지 마시오. 내가 행하는 것은 다 옳소'라는 뜻이다. 이것이야말로 '입세 딕시트'(Ipse dixit: "다른 사람이 아닌 바로 그가 그렇게 말했다"라는 뜻의 라틴어로서 '증거 없는 주장'이나 '의견의 독단적 표현'을 가리키는 말 - 역자 주)가 아니겠는가?

이런 것은 우스꽝스럽다기보다는 차라리 비극적이다. 이런 말을 하는 것은 이 글에서 논하는 진리를 좀 더 강조하기 위함이며, 오랜 세월에 걸쳐 굳어진 자기 확신이 사람의 성품에 어떤 영향을 끼치는지 끔찍한 예를 통해 보여주기 위함이다.

만일 대중이 어떤 사람을 특별한 존재로 여기기 시작하면 이내 그는 자신이 완전하다는 착각에 빠지기 쉽다. 그리고 머지않아 회개할 줄 모르는 완고함이 그의 마음에 가득해져서 영적 생명이 질식사 직전에 이르게 될 것이다.

이런 사람을 고치려면 그 치료법은 사실 아주 간단하다. 그가 과거를 기억하고 구주께서 돌아가신 십자가를 다시 보게 하면 된다. 그렇게 했는데도 그가 여전히 자신의 잘못을 인정하지 않는다면 그가 자기의 마음속을 살펴보고 그 마음속에 무엇이 있는지를 말하게 하면 된다. 이렇게까지 했는데도 여전히 교만을 버리지 않는다면, 관(棺) 뚜껑을 닫아라!

그런데 여기서 나는 한 가지 위험성을 적적하지 않을 수 없다. 영적 진보의 길에는 언제나 위험이 도사리고 있기 때문이다. 그 위험성은 우리가 병적인 내성(內省)에 빠져서 우리의 영혼이 정당하게 누릴 수 있는 행복과 활기를 잃어버릴 수도 있다는 것이다. 이것을 피할 수 있는 길은 우리의 영혼을 바라보지 않고 그리스도를 바라보는 것이다.

그래서 나는 "우리 자신을 볼 때마다 회개하고, 그리스도를 볼 때마다 기뻐하라"라는 원칙을 세워주고 싶다. 대부분의 시간에는 그리스도를 바라보고, 우리의 결점과 불완전한 것들을 슬퍼하며 고치려 할 때에만 우리의 내면을 들여다보자.

사실과 진리

20세기의 위대한 종교사상가 중 한 사람이 우리 시대의 정신적 태도에서 발견되는 이상한 모순을 지적했다. 그 모순은 지식은 열렬히 사랑하면서도 진리는 소홀히 하는 보편적 경향이다. '지식'을 사실, 노하우, 통계, 기술적 정보, 과학적·기계적 기술로 정의할 경우, 이런 지식을 향한 인간의 사랑은 너무 잘 드러나 있기 때문에 별도의 증명이 필요 없을 정도이다. 학교는 가능한 모든 지식을 최단 시일 내에 습득하겠다고 덤벼드는 열정에 찬 학생들로 바글바글하고, 인쇄기는 유용한 정보로 가득 찬 책들을 끊임없이 찍어내고 있다.

현재 인기 있는 라디오 프로그램 중에는 참가자들이 서로 관련 없는 단편적 정보들을 얼마나 많이 알고 있는지를 확인하려는 프로그램들도 있다. 우리는 '누가, 언제, 어디서, 무엇을'이라고 묻는 질문이 끝없이 쏟아질 때 정답을 가장 많이 알아맞히는 사람이 우월한 사람이 아닌가 하는 생각을 하게 된다.

그러나 지식과 진리는 구별되어야 한다. 이를 예리하게 구분하는 일은 절대적으로 중요하다. 지식은 우리가 알고 있는 사실들의 총합이고, 진리는 도덕적이고 영적인 것이다. 사실을 아는 지식으로 머리를 가득 채워도 아무 유익을 얻지 못할 수 있다. 사실에는 도덕적·영적 의미가 담겨 있지 않기 때문이다. 사실과 진리의 관계는 시체와 사람의 관계에 비유될 수 있다. 사실은 진리가 외적 생활과 상황 속에서 나타날 때 이용되는 통로이지만, 이런 사실이 진리의 내적 본질에 의존하지 않을 때는 아무 의미를 갖지 못한다.

그리스도인은 우선적으로 진리에 관심을 갖는다. 특히 '육체로 오신 진리이신 분'에게 관심을 갖는다. 물론, 사실을 간단히 무시해 버리면 안 된다. 우리는 실제적 가치를 위해서라도 사실을 알아야 하며, 사실이 진리를 위해 봉사하도록 해야 한다. 하지만 사실이 그리스도 안에 숨겨진 "지혜와 지식의 모든 보화"(골 2:3)를 대신하도록 허락해서는 안 된다.

도덕적으로 혼란스런 이 시대에, 진리는 우리의 충성을 받아야 할 주인으로 항상 대접받지 못하고 오히려 진리 밖에 있는 목적을 이루는 데 이용되며 종으로 취급받고 있다. 종종 우리는 진리의 도움을 받아 사적(私的)인 목적을 추구하지만, 이 목적은 진리 자체와는 아무런 관계가 없고 진리 밖에 있는 것이다.

엄밀히 말하면 '진리'(truth)라는 단어를 영어로 쓸 때에는 항상 대문자로 시작하는 'Truth'라고 써야 한다. 진리의 근원을 따져 올라가면 결국 하나님께 이를 것이기 때문이다. 이런 이유로 인해 진리는 언제나 종이 아니라 주인이 되어야 한다. 그리고 진리는 그것에 담긴 도덕적·영적 의미들과 분리해서 이해되어서는 안 된다.

진리도 문제를 일으킨다

진리는 어떤 어려운 문제들을 해결하지만 다른 문제들을 만들어내기도 한다. 성경은 "진리가 너희를 자유롭게 하리라"(요 8:32)라고 말한다. 이는 죄로 인해 생긴 번민과 멍에와 짐에서 자유롭게 해준다는 말이다.

그러나 이런 진리는 다른 종류의 문제들을 일으킨다. 그럴 수밖에 없는 것은 우리가 거짓에 푹 빠져 있는 세상에서 진리를 마음에 품고 살아야 하기 때문이다. 진리가 영적·도덕적 문제들을 지적하면 인간 사회는 아주 차분히 한 마음이 되어 진리에 대항한다. 하나님의 진리에 헌신하는 사람은 대중에게 인기를 얻을 수 없다. 오히려 대중은 진리를 향한 그의 사랑으로 인해 그가 혹독한 대가를 치르게 만든다.

언제든, 또 어디에서든 누군가 진리의 화신으로 살아간다면 틀림없이 이 사람은 친구라고 고백한 사람이 무심코 던진 가시 돋친 모욕에서부터 적이라고 공언한 사람의 용의주도한 대적 운동에 이르기까지 온갖 종류의 공격에 직면하게 될 것이다.

이런 입장에 처한 진리의 사람이 가지는 문제는 이런 공격을 어떻게 사랑의 마음으로 받아들이느냐 하는 것이다. 또 그의 문제는 그의 옛 반사적 본능이 "네가 쓸 수 있는 모든 수단을 동원해서 반격하라"라고 충동질할 때 어떻게 차분히 인내심을 발휘하느냐 하는 것이다.

그리스도의 메시지를 통해 빛을 받은 사람에게는 눈이 생겼기 때문에 그의 오래된 맹목(盲目)의 문제는 해결되었지만, 그의 새 눈을 눈먼 세상에서 사용해야 하기 때문에 새로운 문제가 생긴다. 맹목에서 벗어나지 못하는 세상은 앞을 보게 되었다는 그의 주장에 분개하면서 그 주장의 신빙성을 무너뜨리기 위해 수단과 방법을 가리지 않는다.

빛을 받은 사람은 그리스도의 진리로 말미암아 확신을 얻어 과거의 두려움과 불확실성의 문제를 해결했지만, 두려움

속에서 살아가는 대중은 그의 확신을 완고함으로 해석한다. 그리고 그들의 오해 때문에 하나님의 사람은 조만간 어려움에 부딪히게 된다. 뿐만 아니라 복음이 주는 복된 유익들 중 많은 것들 때문에도 어려움에 부딪히게 된다. 이 비뚤어진 세상에서 살아가는 한, 이런 유익들로 인한 문제들이 생기며, 우리는 이 문제들을 피할 수 없다.

그러나 진리를 배운 그리스도인은 이로 인해 불평하지 않을 것이며, 오히려 그에게 다가오는 문제들을 기회로 삼아 영적 미덕들을 발휘할 것이다. 그것들을 자신의 삶을 깨끗하게 하는 유익한 연단의 기회로 바꿀 것이며, 주님이 고난을 허락하신 것을 기뻐할 것이다. 그리스도인에게 다가오는 시련이 아무리 혹독하다 해도 오래 지속되지는 않지만, 그로 인한 고난의 복된 열매들은 만세에 걸쳐 계속 될 것이기 때문이다.

WE TRAVEL
AN APPOINTED WAY

2

변하지 않는
진리를 좇다

변하는 세상, 변하지 않는 진리

"변하는 것이 많아질수록 변하지 않는 것도 많아진다."

내가 알기에 이것은 프랑스 사람들에게서 유래한 유명한 속담이다. 이 속담에 담긴 지혜는 인간 삶의 거의 모든 부분에서 나타나는데, 그 이유는 변화 속에서도 여전히 그대로 있는 것들 중에 가장 대표적인 것이 인간의 본성이기 때문일 것이다.

내가 볼 때 인간 본성의 변치 않는 성질이 가장 완벽하게 나타나는 때는 크리스마스이다. 아기 예수가 태어났던 시대와 현대의 근본적 차이를 생각해보자. 우리가 살고 있는 20세기 문명에 비한다면, '저 놀라운 아기'를 둘러싸고 있던 모든 것은 천연적이고 원시적이었다.

아기 예수는 병원이 아니라 마구간에서 태어나셨다. 그분의 어머니를 돌보아 준 사람은 숙련된 의료 전문가가 아니라 산파였다. 그분의 얼굴에 빛을 비춘 것은 전구가 아니라 양초였다. 그분이 애굽으로 내려갈 때 타신 것은 자동차나 유선형의 날렵한 기차가 아니라 보잘것없는 당나귀였다.

그분이 어린 시절의 다양한 성장 단계를 거치면서 보실 수 있었던 가장 복잡한 기계는 마차였다. 종이, 플라스틱, 전화, 라디오, 카메라, 인쇄된 종이, 포장된 고속도로, 대포, 증기기관, 전기 모터 같은 것은 보지 못하셨다. 그 시대에 백신주사를 맞거나 비타민제를 복용하거나 정신과 의사에게 상담을 받거나 음반을 취입하거나 열기구 풍선, 비행기 또는 엘리베이터를 탄 사람은 아무도 없었다. 그 시대의 사람들은 엽록소 치약, 고무장갑, 미리 조제된 빵가루, 완두콩 통조림, 알카셀처(Alka-seltzer, 물에 타서 마시는 소화제), 주차요금 징수기, 위티즈(Wheaties, 미국 제너럴 밀즈 사의 시리얼 제품), 튀긴 쌀, 전기면도기, 접이식 침대, 손목시계, 타자기 그리고 반창고 없이 살았다.

예수님은 젖병으로 분유를 먹지 않으셨고, 화학적으로 혼합된 유아용 유동식을 먹지 않으셨으며, 교육용 완구를 갖고 놀지 않으셨고, 진보적 학교를 다니지 않으셨고, 만화책을 읽지 않으셨고, 장난감 방공호를 갖고 계시지도 않았다.

고도로 복잡해진 우리의 현재 생활양식과 비교할 때, '예수님 당시의 팔레스타인 사람들은 무슨 재미로 살았을까?' 하는 생각이 든다. 만일 우리가 갑자기 그들처럼 살지 않으면 안 되는 상황에 처한다면 세상의 종말이 온 것처럼 느껴질 지도 모른다. 그토록 원시적으로 살았던 사람들은 왠지 - 자유주의자들의 말을 인용해 표현하자면 - '진짜 인간'이 아니었던 것 같다는 생각이 우리의 머리를 스치기도 한다.

그러나 그들은 틀림없이 진짜 인간이었다. 베들레헴과 가버나움의 그 소박한 사람들 말이다. 중요한 사실은 그들이 우리와 똑같은 종류의 사람들이었다는 것이다. 그에 있어서 그들과 우리를 구별 지을 수 있는 어떤 작은 차이점도 발견되지 않는다. 다만, 외형적인 것들이 달랐을 뿐이다. 그들의 시대와 우리의 시대 사이에 일어난 변화는 오직 외형적 인간에게 일어난 변화일 뿐이다. 내면적 인간은 조금도 변하지 않았다.

인간에게 필요한 근본적인 것들은 1세기의 사람들이나 20세기의 우리에게나 완전히 똑같다. 1세기의 사람들처럼 우리도 죄와 죽음의 문제로 고민하고, 평안과 영생을 갈망한다.

두려움 때문에 괴롭고, 패배를 맛보면 충격에 빠지며, 배신당하면 슬프고, 적의(敵意) 때문에 상처받고, 실패하면 의기소침해진다. 임박한 죽음에 공포심을 느끼며, 마귀에게 시달리고, 장차 임할 심판을 생각하면 극도의 두려움에 사로잡힌다.

1세기의 사람들은 그들의 소박한 집 안에 앉아 촛불을 켜놓고 고민했지만, 유선형의 반짝반짝 빛나는 차를 몰고 다니는 우리는 교차로와 교차로 사이를 질주하면서 이런저런 걱정을 한다. 그러나 그들이나 우리나 종착지는 똑같다. 모든 인간은 노년을 향해 천천히 퇴보의 길을 걷다가 결국은 숨을 곳도 없고 도와줄 이도 없는 무덤으로 들어간다.

하나님께서 그분의 아들의 이름을 '예수'라고 부르신 것은 인류가 죄에서 구원받아야 한다는 것을 아셨기 때문이다. 천사들을 보내 '땅 위의 평화'를 선포하신 것은 세상이 평안을 갉아먹는 두려움의 이빨에서 건짐받아야 한다는 것을 아셨기 때문이다. 이런 일이 있은 후 지금까지 근본적인 것은 하나도 변하지 않았다.

지금 우리에게는 예수님이 필요하다. 그 이유는 2천 년 전의 사람들에게 그분이 필요했던 이유와 똑같다. 변하는 것이 많아질수록, 변하지 않는 것도 많아진다.

건전한 의심의 눈길이 필요한 때

'너무 쉽게 믿는 것'을 경신(輕信)이라고 한다. 경신과 진정한 믿음의 관계는 독버섯과 버섯의 관계에 비유될 수 있다. 독버섯과 버섯은 모양이 아주 비슷하기 때문에 혼동하기 쉽지만, 서로 정반대의 결과를 낳기 때문에 너무나 다르다.

참된 믿음의 사람은 좀처럼 경신에 빠지지 않는다. 반면, 너무 쉽게 믿는 사람은 참된 믿음을 갖기 힘들다. 믿음은 마음이 소박한 사람들의 것이고, 경신은 생각이 단순한 사람들의 것이다. 이처럼 믿음과 경신은 동(東)이 서(西)에서 먼 것처럼 서로 멀리 떨어져 있다. 믿음의 사람은 눈에 보이는 것들에 현혹되지 않고 하나님의 약속을 믿기 때문에 결국 그분께 영광을 돌리게 되지만, 경신의 사람은 미신의 자녀이기 때문에 아무에게도 도움을 주지 못한다. 경신의 사람은 혼란스런 정신 상태를 보이며 영적 깨달음에 이르지 못한다.

간혹 믿음의 길을 가기 시작한 어떤 이들의 믿음의 내용을 들여다보면 깜짝 놀랄 때가 있다. 성경을 의심하는 것을 죄로 간주하는 생각은 물론 옳다. 하지만 누군가 어떤 것을 가르칠 때 성경을 들먹인다고 해서 그것이 아무리 황당하고 비성경적인 것이라 할지라도 무조건 받아들이는 태도는 잘못된 것이다. 그런데 이 무비판적인 사람들은 그렇게 한다. 누군가의 이야기에서 기적의 냄새가 나기만 하면 아무 의심 없이 그것을 받아들이고, 아주 엄숙하게 고개를 끄덕이면서 경외심으로 충만한 목소리로 그것을 전한다. 만일 어떤 교회에서 이런 사람들의 수가 자꾸 늘어난다면, 노를 님는 굉신적 행위와 거짓 교훈이 자랄 수 있는 완벽한 토양이 마련되는 것이다.

우리는 성경의 명백한 교훈이 지지하지 않는 모든 것에 '건전한 의심의 눈길'을 던지는 습관을 길러야 한다. 하나님이 계시하신 진리를 붙드는 믿음만이 진짜 믿음이다. 그 진리를 벗어난 것을 붙드는 믿음은 불신앙만큼이나 해롭다.

어떤 이들이 자기 딴에는 하나님 방법의 정당성을 사람들에게 일깨워 주겠다며 이런저런 이야기를 들려주지만, 많은 경우에 그것은 그들의 지성(知性)이 건강하지 못하다는 것을 드러낼 뿐이다. 미신적인 냄새를 물씬 풍기는 이야기들이나 난롯가 성경 구절(속담이 성경 구절로 오해되어 집안의 난롯가를 중심으로 전해져 내려온 것)을 설교 중에 사용하지 못하도록 한다면, 아마도 많은 목회자가 목회를 그만두어야 할 것이다. 많은 교인들이 설교자의 입에서 나오는 말도 안 되는 이야기들을 자꾸 듣지 않으면 안 되는 입장에 있으면서도 거기서 벗어날 방법이 없다는 것은 정말 딱한 일이다.

끝으로 강조하고 싶은 것은, 성경이 사람들의 도움을 필요로 하지 않는다는 것이다. 그분의 말씀은 마치 마터호른 산(알프스 산맥에 있는 산으로 높이는 4,478미터이다)처럼 홀로 장엄하게 버티고 서 있다. 그럼에도 그 성경의 진리를 증명하기 위해 유치한 이야기와 신빙성 없는 예증(例證)의 도움을 받으려 한다면, 그것은 우리의 숨겨진 불신앙을 드러내고 설득력 없는 경신을 소문내는 일일 뿐이다.

유일한 생명의 책, 성경

성경은 다른 모든 책들과 달리 독특하다. 이 말은 성경과 같은 책이 이 세상에 나온 적이 없다는 뜻이다.

성경에는 역사가 많이 기록되어 있고 그 기록은 모두 참된 것이지만, 그렇다고 성경이 역사책인 것은 아니다. 과학에 관한 성경의 언급들이 정확하고 믿을 만하다고 해서, 성경이 과학 책은 아니다. 성경에 나오는 인물들의 간략한 일대기가 세상에서 가장 감동적인 전기(傳記)인 것은 사실이지만, 성경은 단순한 위인전이 아니다. 심오하고 건전한 철학의 모든 것이 성경에 들어 있지만, 그렇다고 성경이 철학 책인 것은 아니다. 태양과 별들에 대한 성경의 언급들이 이제까지 활자로 기록된 가장 고상한 명언들에 속한다고 해서, 성경이 천문학 책은 아니다. 인간 심리에 대한 성경의 통찰이 독자를 놀라게 하고 그 깊은 마음을 낱낱이 드러내지만, 성경은 심리학 책이 아니다. 성경이 이 타락한 세상에 나타나게 될 미래의 모든 신학의 원천이지만, 엄밀히 말해서 성경은 신학 책이 아니다.

그렇다면 성경은 무엇인가? 성경은 생명의 책이다! 우리 주님은 "내가 너희에게 이른 말은 영이요 생명이라"(요 6:63)라고 말씀하셨다. 성경은 생명을 가져다주는 책이다. 성경은 인간 사고(思考)의 어떤 영역에도 일차적인 관심을 두지 않는다. 성경이 무지개에 대해 말한다면, 그것은 인류를 위한 하나님의 자비로운 언약을 상기시키기 위함이다. 성경이 아브라함에 대해 말한다면, 그것은 우리와 하나님과의 관계에서 믿음이 어떤 역할을 하는지를 가르쳐주기 위함이다. 성경이 우리에게 달과 별을 보라고 하는 것은 우리가 얼마나 연약한 존재인지를 깨닫도록 하기 위함이다. 성경이 새들에 대해 말하는 것은 의심이나 두려움 없이 하늘 아버지를 믿고 의지하라고 가르치기 위함이다.

지옥에 대해 말하는 것은 우리의 병적 호기심을 만족시키기 위함이 아니라, 그 무서운 지옥에 떨어지지 않도록 발걸음을 조심하라고 경고하기 위함이다. 천국에 대해 말하는 것은 그곳에 갈 준비를 하라고 가르치는 것이다. 부끄럽기 짝이 없는 인간의 역사를 기록한 것은 하나님의 은혜가 얼마나 소중한 것인지를 알려주기 위함이요, 경고의 말씀을 주는 것은 멸망으로 이끄는 길에서 벗어나도록 하기 위함이며, 우리를 꾸짖는 것은 잘못을 깨닫고 고치도록 하기 위함이다.

성경에 대해 좋게 말하는 책들이 아무리 많이 쏟아져 나온다 해도, 그 책들에 담긴 단어 하나하나는 모두 귀하고 필요한 것이다. 우드로 윌슨(1856~1924, 미국의 제28대 대통령)은 언젠가 이렇게 말했다.

"성경을 모르는 사람을 유식하다고 말해서는 안 되고, 성경을 아는 사람을 무식하다고 말해서는 안 된다. 성경은 그토록 중요한 책이다!"

월터 스코트 경(1771~1832, 스코틀랜드의 소설가, 극작가 및 시인)은 임종 때 하인에게 '그 책'을 달라고 했다. 하인이 수천 권의 책 중 어떤 책을 말하는 것인지 묻자 이 위대한 사람은 "물론, 성경이지. 죽어가는 사람에게는 다른 책이 있을 수 없지"라고 대답했다. 심지어 회의주의자였던 조지 버나드 쇼(1856~1950, 아일랜드의 극작가, 비평가 및 논객)조차 말년에는 늘 성경을 가까이했고, 여행할 때마다 성경을 갖고 다녔다고 한다.

우리 모두는 몇 가지 성경책을 갖고 있어야 한다. 성경을 공부하기 위한 관주성경(貫珠聖經)이나 읽기 쉽도록 큰 글자로 만들어진 경건생활용 성경 등이 그것이다. 나는 적어도 이 두 가지는 반드시 있어야 한다고 생각한다. 그리고 금전적 여유가 된다면(다른 지출을 줄이면 여유가 생길 것이다), 현대어 역본 한두 개를 더 구비하면 좋겠다. 이런 역본들은 문체의 변화를 통해 독자의 관심을 유발하고, 이전 문체로 기록된 성경을 더 잘 이해할 수 있도록 도와준다.

성경 구입에 사용된 돈은 재정이 아주 잘 사용된 경우이다. 성경을 읽는 것이 시간 낭비가 될 가능성은 거의 없다. 사랑하는 사람이나 친구들에게 줄 수 있는 최고의 선물은 성경이다. 성경을 좋게 평가하는 말은 선한 말이다. 만일 누군가 이 선한 말을 듣고 달게 받아들인다면 이 말은 그야말로 "은 쟁반에 금 사과"(잠 25:11)가 된다.

지속적인 영적 가치를 갖는 일들 중 얼마나 많은 것이 여 성도들에 의해 이루어지고 있는지를 알게 된다면 남성들은 정말로 겸손해질 수 있을 것이다. 그리스도께서 육신으로 이 땅에 계셨을 때와 마찬가지로 지금도 경건한 여성들은 그분을 기꺼이 따르며 섬긴다. 남성들이 이런 여성들을 무시하는 경향이 있지만, 그렇다고 해서 그들이 영적 공동체 안에서 높아지는 것은 아니다. 이런 면에서 남성들은 조금 더 겸손해져야 하며, 솔직한 마음으로 좀 더 감사해야 한다고 본다.

기도가 하나님의 큰 계획을 이루어드리는 데 필수적인 요소라고 믿는다면, 교회에 매주 모여 기도하는 수천 명의 여 성도들의 기도는 하나님 나라를 위해 더할 나위 없이 귀중한 것이다. 나는 그들에게 더 큰 힘이 주어지고, 그들의 수가 열 배 더 많아지면 좋겠다!

또한 우리는 남성인 우리에게 맡겨진 기도의 몫까지 여성도들에게 떠넘기는 나약한 습관에 빠지지 않도록 조심해야 한다. 우리가 직장 때문에 주간(晝間) 기도회를 가질 수 없다면, 어떻게든 다른 방법을 찾아서 기도의 의무를 다해야 할 것이다.

기도를 교회의 어떤 한두 그룹에게 떠넘기고 신경을 끊으면 안 된다. 기도는 모든 신자의 의무이자 또한 특권이기 때문이다. 기도는 교회의 호흡이므로 기도하지 않으면 숨이 막혀 결국 죽게 될 것이다. 숨을 못 쉬는 인체가 결국 죽는 것처럼 말이다.

기도에는 성(性)의 구별이 있을 수 없다. 왜냐하면 영혼에 성의 구별이 없기 때문이다. 모든 영혼은 기도해야 한다. 여성도들은 기도할 수 있고, 그들의 기도는 응답받을 것이다. 마찬가지로 남성들도 기도할 수 있다. 교회 안에서 하나님께 받은 사명을 온전히 감당하려면 반드시 기도해야 한다.

부지중에라도 우리가 여성들은 기도하고 남성들은 교회의

중대 문제를 결정하는 것이라는 잘못된 관습에 빠져버리지 않도록 조심하자. 기도하지 않는 남성들은 교회의 중대 문제를 결정할 권리가 없다. 성도의 영적 공동체 안에서 남성들이 지도적 역할을 하는 것은 옳은 일이지만, 그런 역할은 영적으로 자격 있는 남성들에게만 주어져야 한다.

지도자에게는 마땅히 비전(vision)이 있어야 한다. 그런데 하나님 앞에서 겸손히, 뜨겁게 기도하는 시간을 갖지 않는 사람에게서 비전이 나오겠는가? 다른 모든 조건들이 동일하다고 가정한다면, 기도하는 여성이 기도하지 않는 남성보다 교회를 향한 하나님의 뜻을 훨씬 더 잘 알 것이다.

물론, 나는 지금 교회 운영의 주도권을 여성들에게 넘기자고 주장하는 것이 아니다. 다만 남성들이 지금처럼 교회를 계속 이끌어 나가려면 어떤 영석 사격을 갖추어야 하는지를 분명히 깨달아야 한다고 주장하는 것이다. 남자로 태어났다는 이유 하나만으로는 안 된다. 영적으로도 남자다움을 갖추어야 교회를 이끌어나갈 수 있다.

사도들은 "형제들아 너희 가운데서 성령과 지혜가 충만하여 칭찬 받는 사람 일곱을 택하라 우리가 이 일을 그들에게 맡기고"(행 6:3)라고 말했다. 사도들의 이 지시에 따라 선택된 사람들이 교회 최초의 집사들이 되었고, 이렇게 영적으로 자격을 갖춘 남성들이 교회의 중대 문제에 대한 결정권을 갖게 되었다. 우리도 초대교회의 기준을 따라야 하지 않겠는가?

말씀은 선택사항이 아니다

이단은 진리를 거부한다기보다는 진리를 선별적으로 받아들인다. 이단에 속한 사람은 자기가 강조하고 싶은 성경 구절만 취하고 나머지에 대해서는 신경을 끈다. 이것은 '이단'이라는 말의 어원과 이단자의 행태에서도 잘 드러난다.

14세기에 어떤 책의 편집에 참여한 한 필경사(筆耕士)는 그 책의 서문에서 독자들에게 이렇게 경고했다.

"조심하십시오. 당신의 애정과 기호에 따라 한 가지는 취하고 다른 것은 버리는 잘못을 범하지 않도록 조심하십시오. 그렇게 하면 이단자가 됩니다. 버리는 것 없이 전부 취하십시오."

이 옛 필경사는 진리 중에서 마음에 드는 부분은 취하고 나머지는 무시하는 경향이 우리에게 얼마나 강한지를 잘 알았던 것이다. 이런 것이 바로 이단이다.

우리가 아는 이단들 거의 전부는 이런 '선택과 무시'의 기술을 사용하고 있다. 예를 들어, 지옥이 없다고 주장하는 이단들은 그들의 입장을 지지하는 듯이 보이는 모든 성경 구절들을 강조하고, 영원한 형벌에 대해 언급하는 모든 구절들은 엉뚱한 의미로 교묘히 해석하고 넘어가거나 그 중요성을 축소하는 경향을 보인다.

우리는 이단들에 대해 이야기만 할 것이 아니라 스스로를 깊이 살펴야 한다. 이단으로 흐르는 경향이 단지 이단들의 문제만은 아니기 때문이다. 우리 모두도 본능적으로 이단에 빠지기 쉬운 경향이 있다. 자신이 건전한 교리의 역사적 전통 안에 서 있다고 믿는 우리도 실제 행함에서는 어느 정도 이단이 될 수도 있다. 우리에게 위로와 격려를 주는 구절들에 특별히 주목하거나 우리를 책망하고 경고하는 구절들은 그냥 지나치는 잘못을 무의식적으로 범할 수도 있다. 우리 자신도 모르게 이런 덫에 걸려들 만큼, 이것은 누구나 범하기 쉬운 잘못이다.

예를 들어보자. 어떤 이들은 밑줄을 많이 그어놓은 성경을 즐겨 사용한다. 이런 성경을 살짝 들여다보면 내 주장이 아주 쉽게 이해될 것이다. 이런 성경에는 소유자에게 위로를 주거나 그의 교리적 견해를 지지하는 구절들 거의 전부에 밑줄이 그어져 있는 것을 보게 될 것이기 때문이다. 유감스럽게도, 우리에게는 자신에게 너그러운 구절들을 사랑하고 마음을 불편하게 하는 구절들을 피하는 습관이 있다.

하나님께서 이런 연약하고 편중된 성경 사용을 그분의 인내심의 한계 안에서 참아주시는 것은 틀림없지만, 이것은 본래 그분이 기뻐하시는 일이 아니다. 우리의 하늘 아버지는 우리가 영적으로 성장하고 발전하는 것을 볼 때 기뻐하신다. 그분은 우리가 단맛 나는 과자만 먹고 사는 것을 원치 않으신다.

이사야서 41장의 위로의 말씀뿐만 아니라 마태복음 23장과 유다서도 주신 하나님은 우리가 이 모든 것을 읽기 원하신다. 로마서 8장이 우리의 마음을 가장 고양시키는 성경 구절 중 하나이므로 당연히 인기를 누려야겠지만, 베드로후서도 필요하기 때문에 읽는 것을 게을리 해서는 안 된다. 바울서신들을 읽을 때에는 교리 부분만 읽어서는 안 되고, 교리 부분 다음에 나오는 권면의 부분, 즉 생활 속에서의 실천을 위해 우리를 준비시키는 부분까지 읽고 묵상해야 한다. 로마서를 읽을 경우에도 로마서 11장까지만 읽어서는 안 된다. 나머지 부분도 중요하기 때문이다. 우리의 영혼을 공정하게 대우하려면, 처음 열한 장에 쏟았던 관심과 똑같은 관심을 나머지 부분에도 쏟아야 한다.

요컨대, 영혼이 건강해지려면 성경 전체를 있는 그대로 받아들이고, 그 성경이 우리 안에서 자기의 일을 하도록 길을 열어주어야 한다. 하나님의 말씀, 그리고 우리의 영원한 미래 같은 중요한 문제들에 있어서 입맛대로 취사선택할 권리는 우리에게 없다.

조건 없는 기도

놀위치의 줄리안(약 1342~1416, 영국의 신비가)은 그리스도인으로서의 아름다운 삶을 시작할 때 구주께 기도하면서 마지막에 이런 지혜로운 말을 덧붙였다.

"그리고 저는 이것을 아무 조건 없이 구합니다."

바로 이 마지막 말이 그녀의 기도의 나머지 부분에 능력을 주었다. 그 후 해가 거듭될수록 기도의 응답이 폭포수처럼 쏟아졌던 것은 바로 이 말 때문이었다. 하나님께서 그녀의 기도에 응답하실 수 있었던 것은 그분과 그녀 사이에 완전히 솔직한 대화를 나누는 것이 가능했기 때문이다.

그녀는 합의를 위한 조건이나 책임 회피의 말로 기도에 울

타리를 치는 일이 없었다. 그녀가 그분께 무엇을 얻으려고 할 때에는 어떤 대가라도 치를 각오가 되어 있었기에, 그분은 그녀에게 청구서를 보내시기만 하면 되었다. 그녀는 자기 영혼에 유익이 되고 하늘 아버지께 영광이 된다고 생각되는 것을 얻을 수 있다면 어떤 대가라도 치를 준비가 되어 있었다. 이런 자세에서 나오는 것이 진정한 기도이다.

우리 중 많은 이들이 기도를 망치는 이유는 – 어떤 옛 저술가의 표현을 인용해 말하자면 – '너무 조심스럽게' 주님을 대하기 때문이다. 우리는 적당한 한계 안에서만 대가를 치를 수 있다는 무언(無言)의 전제 아래 기도한다. '어차피 모든 것에는 한계가 있기 마련인데 굳이 광신적이 될 필요는 없지 않느냐' 하는 것이 우리의 생각이다. '더 갖게 해주는 기도응답'은 좋아하지만 '가진 것을 빼앗는 기도응답'은 싫어한다. 우리는 철저한 것을 원하지 않고 보통 수준에 머물기를 원한다. 하나님께서 우리의 편의를 고려해 우리의 입장을 따라주시기를 원한다. 하지만 이렇게 모든 기도에 단서를 달기 때문에 하나님께서 우리의 기도에 응답하실 수 없는 것이다.

우리가 사는 세상에서는 담대함이 필수불가결한 미덕이다. 겁쟁이는 구석에 앉아 계속 칭얼대지만 용감한 사람은 목적을 이룬다. 세상에서와 마찬가지로 하나님 나라에서도 용기가 필요하다. 너무 소심한 사람은 사회생활을 할 때에나 하나님 앞에 무릎 꿇고 있을 때에나 모두 한심한 존재일 뿐이다.

신앙적 사고와 활동의 모든 영역에서 담대함이 가장 요구되는 분야가 바로 기도이다. 우리는 기도의 골방에 들어갈 때 믿음으로 충만하고 담대함으로 무장해야 한다. 성공적인 기도는 조건 없는 기도이다. 우리는 하나님께서 사랑이시라는 것을 믿어야 하며, 그분이 사랑이시므로 우리에게 해를 끼치실 수 없고 언제나 유익을 주실 수밖에 없다고 믿어야 한다. 그런 다음 그분 앞에 엎드려 그분의 영광과 우리의 유익에 기여할 수 있는 것이라면 무엇이든지 담대히 구해야 한다. 물론, 우리가 치러야 할 대가에 대해서는 전혀 개의치 말고 말이다.

만일 그분이 그분의 사랑과 지혜 가운데 우리에게 거절하시는 것이 있다면 그것이 무엇이든 기쁨으로 받아들여야 한다. 그분이 그것을 기뻐하시기 때문이다.

이런 자세로 드리는 기도는 응답을 받지 않을 수 없다. 하나님의 성품과 명예가 기도응답을 보장한다. 언제나 하나님의 무한한 인자하심을 마음 깊이 새기자. 그 누구도 자신의 삶을 그분의 손에 맡겨드리는 것을 두려워할 필요가 없다. 그분의 멍에는 쉽고 그분의 짐은 가볍다.

내 마음에 아주 가까이 놓여 있는 문제에 대한 내 생각을 더욱 자유롭게 표현하기 위해서, 나는 사설(社說) 냄새를 물씬 풍기는 딱딱한 '우리'(we)라는 표현보다 '나'(I)라는 1인칭 단수형을 사용하고자 한다. 내가 말하고 싶은 문제는 그리스도인의 경건 생활에서 찬송가가 어떤 위치를 차지하는가 하는 것이다.

  영혼의 경건을 위해 찬송가보다 더 중요한 유일한 책이 있다면 그것은 물론 성경이다. 하나님의 자녀에게 있어서 성경은 모든 책들 중에서 가장 존경과 사랑을 받으며 끝없이 연구되어야 할 책이고, 영혼을 위해 실컷 먹어야 할 살아 있는 떡과 만나이다. 성경은 단연 최고의 책이다. 인류에게 없어서는 안 될 단 한 권의 책을 꼽으라면 그것은 물론 성경이다. 성경을 무시하거나 소홀히 하는 것은 우리의 생각을 오류의 구렁텅이에, 우리의 마음을 아사(餓死)의 무덤에 파묻는 것이다.

성경 다음으로는 단연 찬송가가 중요하다. 내가 어떤 단서도 붙이지 않고 주저 없이 말할 수 있는 것은 영혼의 친구로서 성경 다음으로 좋은 것이 찬송가라는 것이다. 지금 내가 말하는 것은 단순히 노래 책이나 복음성가 책이 아니라는 것을 잊지 말라. 내가 말하는 것은 지나간 여러 시대들이 우리에게 물려준 위대한 기독교 찬송들의 보석 같은 알맹이를 담고 있는 진짜 찬송가이다!

현재 복음주의의 큰 약점 중 하나는 기계적으로 사고한다는 것이다. 과거의 더 복된 시대의 '영광의 구주'를 밀어내고 그 자리를 대신 차지하고 있는 것은 '실용적인 그리스도'이다. 실용적인 그리스도에게 구원의 능력이 있는 것은 사실이지만, 이런 그리스도는 실무적이고 법적으로 일을 처리하듯이 우리를 구원하는 분이시라고 이해된다. 예를 들면, 벌금을 대신 내준 다음 법원 서기 앞에서 우리의 벌금고지서를 찢어버리는 사람처럼 말이다. 작은 복음주의 무리가 갖는 신앙적 사고의 많은 부분에서는 '은행 사무원 심리'의 냄새가 물씬 풍긴다. 이것의 비극은 진리의 일부만을 믿는다는 것이다.

현대 그리스도인들이 성경에 등장하는 성도의 영적 위대함을 본받고 성경 이후 시대 성도의 내면적 기쁨을 알고자 한다면, 불완전한 그리스도 개념을 바로잡아야 하고, 주 우리 하나님의 아름다움을 기쁨에 찬 개인적 체험 안에서 길러나가야 한다. 이런 행복한 상태에 도달하는 데 가장 많은 도움을 주는 것을 세상의 책들 중에서 찾으라면, 나는 성경 다음으로 찬송가를 꼽을 것이다.

위대한 찬송가에는 이미 오래 전에 세상을 떠났을지도 모르는 어떤 고상한 성도의 가장 순수한 사고가 압축적으로 담겨 있다. 이 성도는 그의 찬송가 외에는 전혀 또는 거의 아무것도 남기지 못했을 수도 있다. 참된 찬송기를 부르거나 그 가사를 읽는 것은 재능 있는 위대한 영혼의 깊은 경건에 동참해서 그와 함께 경배를 드리는 것과 같다. 그것은 그리스도를 사랑하는 사람이 그분을 사랑하는 이유를 그분께 설명 드리는 것을 듣는 것이다. 그것은 신부와 천상의 신랑이 나누는 불멸의 사랑의 지극히 부드러운 속삭임을 아무런 당혹감 없이 엿듣는 것이다.

아무리 많이 기도해도 우리의 마음이 부드러워지지 않고 계속 완고한 상태에 머무는 이상한 일이 벌어질 때가 있다. 그럴 때 좋은 찬송가를 부르거나 읽으면, 마음속의 아이스 잼(ice jam, 강의 얼음 덩어리들이 흘러가지 못하고 쌓여 마치 댐처럼 된 것 - 역자 주)이 녹아내려 내적 감정이 흐르기 시작할 수도 있다. 이런 것이 찬송가를 사용하는 지혜로운 방법 중 하나이다.

인간의 감정은 묘한 것이라 감정을 불러일으키는 것이 쉽지 않다. 그런데 잘못된 방법으로, 그릇된 동기에서 감정을 불러일으키게 되면 잘못된 일이 생길 위험성이 있다.

인간의 마음은 오케스트라와 같다. 영혼이 멜로디를 내기 시작하면, 다윗이나 버나드(12세기의 찬송가 작가)나 아이작 왓츠나 찰스 웨슬리 같은 사람이 지휘대 위에 서야 하는데, 그렇게 되도록 하려면 찬송가를 늘 가까이하여 벗으로 삼아야 한다. 찬송가는 우리의 마음이 악한 지휘자들에게 끌려 다니지 않도록 막아줄 것이다.

모든 그리스도인은 표준적인 찬송가를 그의 성경 옆에 두어야 한다. 성경을 읽고 찬송을 부르면 이 두 권의 책이 매우 흡사하다는 것을 알고 놀라움과 기쁨을 맛보게 될 것이다. 재능 있는 그리스도인 시인들이 곡에 진리의 말씀을 붙여 만든 훌

룽한 찬송가가 많이 있다. 아이작 왓츠와 찰스 웨슬리는 다윗의 수금과 바울의 편지들을 결합해서 기쁨과 깨달음을 동시에 주는 '노래하는 교리', 즉 '더할 나위 없는 기쁨의 신학'을 우리에게 선사해준다.

WE TRAVEL
AN APPOINTED WAY

3

그리스도 안에서
위로를 얻다

우리의 짐을 대신 지신 그리스도

마이스터 에크하르트(1260~1327, 독일의 신비가)는 "내 등에 짐이 지워진다 해도 누군가 그것을 벗겨내 대신 져 준다면 그것이 1파운드이든 100파운드이든 전혀 상관없다"라고 말했다.

성경에서는 세 가지 종류의 짐이 언급된다고 말할 수 있다. 첫째, 사랑으로 서로를 도와야 하는 짐이다. 성경은 이 사랑의 짐을 지라고 명한다. "너희가 짐을 서로 지라 그리하여 그리스도의 법을 성취하라"(갈 6:2). 둘째, 도덕적 책임의 짐이 있다. 이것은 다른 사람에게 전가할 수 없는 짐이다. "각각 자기의 짐을 질 것이라"(갈 6:5). 셋째, 우리의 타락한 본성 때문에 생기는 짐이 있다. 예를 들면 죄, 두려움, 걱정, 실망, 슬픔, 후회,

쓰라린 기억 그리고 자기 비난 같은 것이다.

첫 번째 짐이 영혼에 해를 끼친 적은 없다. 우리의 마음이 올바르다면 두 번째 짐은 심지어 조용한 위로의 근원이 될 수도 있다. 우리를 늙고 쪼글쪼글하게 만들고 결국 죽이는 것은 바로 세 번째 짐이다.

우리가 이 짐을 져야 할 정당한 이유는 없다(정확히 말해서, '이 짐'이 아니라 '이 짐들'이라고 표현해야 할 것 같다. 이런 것들이 아주 많기 때문이다). 성경은 "네 짐을 여호와께 맡기라 그가 너를 붙드시고"(시 55:22)라고 가르친다. 이것은 "주님이 우리를 위해 짐을 져 주신다면 그 어떤 짐도 다른 짐보다 더 무겁지 않다"라는 에크하르트의 교훈과 일치한다.

불필요한 짐들이 날마다 사람들의 생명을 좀먹고 있다. 정신질환 관련 시설에 환자가 넘쳐나고 정신과 의사들이 성업 중인 것은 삶의 무게가 우리의 인내력의 한계를 넘고 있기 때문이다. 문명은 우리의 몸과 관련된 것들만을 개선시켰을 뿐이다. 마음의 짐들이 점점 더 많아지지만 과학은 해결책을 내놓지 못하고 있다. 의사의 부드러운 음성이 일시적으로는 위안을 줄 수도 있지만, 마음의 병이 너무 깊어서 불충분한 의학적 처방으로는 해결할 수가 없다.

우리의 짐들을 주님께 맡기는 법을 배운다면 분명히 더 오래, 더 훌륭하게, 훨씬 더 행복하게, 그리고 더 유익한 존재로 살아갈 수 있을 것이다. 그렇게 된다면 그 짐들이 얼마나 무거운가 하는 것은 중요하지 않다. 그분이 대신 져 주실 것이기 때문이다.

죄인들을 위한 주님의 기도

그리스도께서는 대제사장으로서 기도하실 때 특별히 "내가 비옵는 것은 세상을 위함이 아니요 내게 주신 자들을 위함이니이다"(요 17:9)라고 기도하셨다. 그분이 이렇게 기도하신 것은 분명한 사실이므로, 이제 우리는 이 기도의 의미를 이해하기 위해 경건한 마음으로 이 말씀을 성경의 다른 구절들과 비교해보아야 한다.

"이렇게 기도하심으로써 그리스도께서는 자신이 죄인들을 위해 기도하시지 않는다는 것을 보여주셨다"라는 해석은 이 기도의 본래 취지에 어긋난다. 우리는 이 말씀이 특별한 상황에서 나온 것임을 기억해야 한다. 이 특별한 상황은 대제사장이신 그리스도께서 대언자(代言者)요 중보자로서 은혜의 보좌 앞에 나아가신 상황이다. 이때 그분은 오직 '그분의 사람들'만을 위해 기도하셨다.

구약의 대제사장이 이스라엘 민족의 속죄를 위한 피를 드리고자 속죄소 앞에 나타났을 때, 그의 중보사역은 오직 이스라엘에게만 효과가 있었다. 구약 시대에 속죄가 드려진 것은 오직 이스라엘을 위해서였다. 하나님을 신뢰하고 그분의 도움을 의지했던 민족은 오직 이스라엘뿐이었다. 그리스도는 구약의 예표(豫表)를 성취하기 위해 오셨으므로, 우리는 "요한복음 17장의 예수님의 기도는 그분의 속죄를 받아들이고 그것의 영적 보호를 자기의 것으로 삼는 사람들만을 위한 기도이다"라고 말해도 무방하다.

지금 내가 논하는 문제에 대한 우리의 이해를 돕기 위해 나는 다음의 두 가지를 덧붙여 말해주고 싶다. 첫째, 우리 주님은 적어도 한 경우에 죄인들을 위해 기도하셨다. "아버지 저들을 사하여 주옵소서 자기들이 하는 것을 알지 못함이니이다"(눅 23:34)라는 그분의 기도는 악한 사람들을 위해 하나님께 드려진 기도이다. 그리스도께서 죄인들을 위해 한 번 기도하셨다면, 그분이 그런 기도를 또 하실 수 있다고 추정하는 것은 합리적인 생각이다.

둘째, 그분은 인자(人子) 즉 사람의 아들이셨으며, 종종 자신을 인자라고 부르셨다. 인자로서 그분은 인류 전체와 관계를 맺으셨고, 지금도 그런 관계를 맺고 계신다. 인류의 일원이신 그분이 인류를 위해 기도하시지 않는다는 것은 생각할 수 없는 일이다.

우리가 지금 서 있는 이곳이 거룩한 땅이며, 우리가 독단적 판단을 삼가는 겸손함을 발휘해야 한다는 것을 나는 물론 잘 알고 있다. 하지만 그러면서도 나는 "우리의 주님이 구원받지 못한 사람들을 위해 기도하시는가?"라는 질문에 다음과 같이 두 가지로 대답하는 것이 옳다고 믿는다.

먼저는 속량 받은 그분의 사람들의 대제사장이신 그리스도께서는 그분을 구속자와 주님으로 믿고 의지하는 사람들에게만 도움이 되는 유효적(有效的) 중보기도를 드리신다. 이 기도는 본질적으로 요한복음 17장에서 발견된다.

또한 그리스도께서는 인자이며 구주로서 잃어버린 세상을 위해서도 기도하신다. 세상을 위한 그분의 기도가 하늘로 올라가지 않는다면 하나님의 심판이 단 한 순간도 이 땅에 임하지 않는 날이 없을 것이다.

다른 이들의 연약함을 참아주어라

우리의 고상한 이상주의는 "모든 그리스도인은 완전해야 한다"라고 주장하겠지만, 현실을 냉정히 관찰할 때 우리는 "완전함은 심지어 성도(saint) 중에서도 찾아보기 어렵다"라고 인정하지 않을 수 없다. 그러므로 우리의 그리스도인 형제자매들이 이상적 상태에 도달했기 때문에 그들을 받아들이는 것이 아니라 그들을 현재 있는 그대로 받아들이는 것이 지혜로운 일이다.

우리는 성도들의 게으름에 대해 변명하거나 우리 육신에게 은신처를 제공하려는 것이 아니다. 다만, 우리의 현실을 인정하자. 분명한 사실은 보통의 그리스도인, 심지어 진정한 그리스도인도 성품과 생활에서 그리스도처럼 되려면 아직도 갈 길이 매우 멀다는 것이다.

우리에게는 불완전한 것이 아직도 많기 때문에 이것을 인정하고, 서로를 너그럽게 보아줄 사랑의 마음을 하나님께 구하는 것이 옳은 일이다. 이 세상에 완전한 교회는 없다. 아무리 신령한 교회라 해도 그 교회 안에는 육신의 문제로 여전히 힘들어하는 사람들이 반드시 있게 마련이다.

이탈리아에는 "완전한 형제만을 형제로 삼겠다는 사람은 형제 없이 살겠다고 각오해야 한다"라는 오래 된 속담이 있다. 우리의 그리스도인 형제가 완전을 향해 계속 나아가기를 간절히 바라는 것은 정말 좋은 일이지만, 그렇다 해도 일단은 그의 현재 상태를 받아들이고 그와 잘 지내는 법을 배워야 한다. 불완전한 형제에게 인내심을 보이지 못하는 것은 우리 자신의 불완전함을 떠벌리는 꼴이 된다.

사도 바울은 "믿음이 강한 우리는 마땅히 믿음이 약한 자의 약점을 담당하고 자기를 기쁘게 하지 아니할 것이라"(롬 15:1)라고 했다. 이것은 개교회(local church)라고 불리는 영적 공동체의 신자들 중에 약한 자가 없을 수 없다는 사실을 분명히 받아들인 것이다. 바울은 그들을 떠맡으라고, 즉 그들의 약점을 참아주라고 가르친다.

그렇다면 교회에서 약한 자들은 누구인가? 그들의 특징은 무엇인가? 내 말은 '약한 자들을 어떻게 찾아낼 수 있는가' 하는 것이 아니다. 그들을 찾아내는 일은 아주 쉽다. 그들은 그들의 약점 때문에 눈에 아주 잘 띈다. 음식에 대해 양심상의 거리낌이 있어서 힘들어하는 사람(롬 14:1,2), 특별히 거룩한 날들에 대해 깊은 확신을 갖고 있는 사람은 약한 형제이다(롬 14:5,6). 어떤 종교적 다락방에서 찾아냈을 수도 있는 이런저런 목발들에 의지해서 걷지 않으면 안 될 정도로 복음의 진리에 대한 이해가 적은 사람도 역시 약한 형제이다.

이런 사람들은 음식이나 거룩한 날이나 그의 목발들을 신성시하다시피 하기 때문에 다른 모든 이들도 자기처럼 만들려고 열변을 토하게 되고, 그러는 중에 다른 이들을 아주 귀찮게 한다. 바로 이런 경우가 믿음이 강한 자들이 인내심을 발휘해야 하는 상황이다. 강한 사람들은 열변을 토하는 약한 자들을 묵살해서 상처를 주어서는 안 된다. 오히려 그들도 속량 받은 무리에 속한다는 것을 알고 사랑으로 참아주어야 한다.

방금 내가 언급한 연약한 자의 약점들은 우리가 교회 공동체에서 어렵지 않게 볼 수 있는 약점들의 일부에 지나지 않는다. 다변증(多辯症, 구두점 하나 찍지 않고 쉼 없이 계속 말을 하는 병적 증상 - 역자 주)으로 고생하는 형제나 자매를 사랑으로 참아주어야 하는 경우를 당해보지 않은 사람이 우리 중 누가 있겠는가? 그런 형제나 자매가 계속 떠들어대는 이야기가 신앙에 관한 것이라 해도 듣는 사람이 괴롭기는 마찬가지이다. 풀이 죽어 있거나 아니면 의기양양해 하는 두 가지 모습만을 보여주는 불안정한 사람, 즉 어떤 때에는 꼼짝 않고 누워 자기의 박복함을 한탄하다가 또 어떤 때에는 기뻐서 펄쩍펄쩍 뛰는 사람, 이런 교인이 한두 명 없는 교회가 어디에 있겠는가?

'성소(聖所)의 마크 트웨인(1835~1910, 유머가 탁월한 미국의 작가)'이라고 불러야 할 것 같은 교인도 있는데, 이런 사람은 자기의 체험담에 반드시 썰렁한 유머라도 섞어야 직성이 풀린다. 그리고 이런 사람에게 살짝 잔물을 끼얹는 사람도 있는데, 이런 사람은 미소 없는 근엄한 표정의 소유자로서 사교적인 인사말조차 큰 죄로 여긴다.

연약함을 보이는 교인의 예를 또 들라면, 기도 중에 교회에 대한 비난을 쏟아내거나 다른 교인들에게 받은 대우에 대해 자기 연민에 빠져 불평하는 이들을 들 수 있다.

우리는 이런 연약한 형제자매들을 어떻게 대해야 하는가?

시시비비를 가려 그것에 따라 그들을 대우한다면, 그들에게 회복 불가능한 상처를 주게 될 것이다. 우리가 해야 할 것은 그들을 십자가로 받아들여 그리스도를 위해 그 십자가를 지는 것이다!

우리가 주님처럼 되어 모든 불완전한 것들을 벗어던지는 저 큰 날이 이르렀을 때, 우리는 연약한 자들의 약점을 꾹 참아준 것에 대해 후회하지 않을 것이다.

완전히 아름다우신 분

예수님의 이야기를 알고 있는 나라들에게는 크리스마스가 틀림없이 1년 중 가장 아름다운 때일 것이다. 세계의 많은 지역들에서는 구주의 탄생을 경축하는 한겨울이 시냇물이 얼어붙고 곳곳의 풍경이 활기 없이 황량하게 보이는 계절이기는 하지만, 그래도 크리스마스 시즌에는 나름대로의 매력이 있다.

그것은 봄꽃의 부드러운 아름다움, 완전히 무르익은 여름의 조용한 사랑스러움, 또는 다채로운 색깔로 수놓는 가을의 슬프면서도 달콤한 우아함과는 다르다. 그것은 더 깊고 더 풍부하고 우리를 더 진지하게 만드는 아름다움이다. 그것은 사랑과 자비로 충만한 사색이 우리의 마음에 선물하는 아름다움이다.

크리스마스 시즌만 되면 흔히 보게 되는 악폐(惡弊)를 우리가 모르는 바는 아니지만, 그래도 오랜 세월 사랑받아온 이 크리스마스를 원수에게 넘겨줄 마음은 아직 없다. 크리스마스 때 모든 이가 느끼는 저 순수한 감정들이 대개는 그들의 마음에서 아주 빨리 사라지는 것이 사실이지만, 길 잃은 타락한 인류가 저 고상한 정신적 가치들(사랑, 자비, 희생 그리고 원수들을 위해 바쳐진 삶)에게 비록 하루나마 찬사를 보낸다는 것은 나름 의미 있는 일이다.

비록 잠시나마 그런 고상한 단계로 올라갈 수 있는 능력이 사람들에게 아직 남아 있는 것을 볼 때 우리는 '그들이 그들의 은혜의 날을 죄로 다 망쳐버린 것은 아니지 않은가' 하는 희망을 품어본다. 사람들의 마음이 아무리 죄에 물들어 있다 할지라도 구유에 나신 아기 예수의 이야기에 감탄하고 감동할 수 있는 마음이 완전히 사라진 것은 아니기 때문에 회개의 희망은 여전히 살아 있다.

잃어버린 지난 수 세기처럼 올해에도 크리스마스는 찾아왔다 가버릴 것이고, 냉혹하고 완고한 세상 사람들은 잠깐 동안 마음이 선해졌다가 다시 예전으로 돌아가 서로 죽이고 미워하고 음모와 투쟁으로 상대를 이기려는 삶을 계속 살아갈 것이다. 그리고 냉소적인 사람들은 "전보다 더 나아진 것이 하나도 없네요. 크리스마스? 그거 다 어린아이들이나 믿는 신화 같은 거 아닙니까?"라고 말할 것이다.

우리는 그들이 무슨 생각을 하는지, 무슨 말을 할 것인지 잘 안다. 그들의 생각이 옳다고 증명이라도 해주듯 세상의 일들이 돌아가고 있다는 것을 하나님께서도 잘 아신다. 그러나 아직 다 끝난 것은 아니다. 세상은 아기 예수의 마지막을 아직 보지 못했다.

우리가 "타락한 인간의 마음이 순결하고 아름다운 크리스마스의 이야기를 들으면 잠깐이나마 경건해지는 것은 아직 인간 안에 영적 욕구가 남아 있기 때문이다"라고 말해주면, 냉소적인 사람들의 비난에 대한 충분한 내답이 될 것이다. 비록 하루 동안이나마 선하게 되기를 원하는 사람들의 영적 욕구가 점점 더 강해지면 그들도 실제로 선해질지 모른다.

이런 이야기는 단지 이론이 아니다. 구원과 거룩함을 향한 갈망을 도저히 억누를 수 없기 때문에 매년 수천 명의 사람들이 십자가에서 죽기 위해 구유에 태어나신 분에게로 돌아오고 있으며, 과거에는 잠시 찾아왔다 사라졌던 크리스마스의 아름다움이 그들의 마음속에 들어가 영원히 머물고 있다.

크리스마스의 이야기를 그토록 아름답게 만드는 분은 누구이신가? 바로 완전히 아름다우신 분, 예수 그리스도가 아니신가?

하나님이 주신 최고의 선물

하나님의 선물들은 여럿이지만 그분이 주신 최고의 선물은 오직 하나, 바로 그분 자신이시다. 그분은 다른 무엇보다도 그분 자신을 그분의 백성에게 주기를 아주 간절히 원하신다. 인간의 본성을 타고난 우리는 모든 피조물 중에서 그분을 가장 잘 알고, 가장 기뻐할 수 있는 존재이기도 하다. 성 어거스틴은 《고백록》에서 "오, 주님! 당신은 당신을 위해 우리를 지으셨나이다. 우리의 마음은 당신 안에서 안식을 얻을 때까지 평안을 모릅니다"라고 했다.

하나님께서 아론에게 "너는 이스라엘 자손의 땅에 기업도 없겠고 그들 중에 아무 분깃도 없을 것이나 내가 이스라엘 자손 중에 네 분깃이요 네 기업이니라"(민 18:20)라고 말씀하셨을 때, 사실상 그분은 팔레스타인의 모든 땅, 아니 더 나아가 이 세상의 모든 땅보다 무한히 더 가치 있는 분깃을 아론에게 약속하신 것이다. 하나님을 소유로 삼는 것! 이것이야말로 궁극적인 최고의 기업(基業)이다.

하나님께서 선물을 주실 때에는 언제나 그분 자신을 함께 주신다고 해도 틀린 말이 아니다. 하나님의 사랑은 그분이 사랑 가운데 자신을 주시는 것이 아니겠는가? 하나님의 자비는 그분이 자비 가운데 그분 자신을 주시는 것이 아니겠는가? 이것은 속량 받은 자녀들에게 소나기처럼 풍성히 부어주시는 다른 모든 복과 유익에도 해당된다. 그분께서 주시는 모든 복의 가장 깊은 곳에는 그분 자신이 거하신다. 성소에 거하시듯이 말이다.

압살롬은 왕의 아들이었지만 예루살렘에 거하면서도 꼬박 2년 동안 왕의 얼굴을 보지 못했다. 그처럼 하나님의 나라 안에 살면서도 '하나님 의식(意識)'이 없는 사람, 왕의 식탁에 앉아 왕과 교제의 즐거움을 나눌 권리가 자기에게 있다는 것을 모르는 사람들이 얼마나 많은가. 이것은 내가 해 아래서 본 악한 일이며, 우리를 슬프게 하는 무거운 마음의 짐이다.

하나님을 아는 것! 이것이 영생이다. 이것을 위해 우리가 창조되었다. 우리의 '하나님 의식'의 파괴는 우리의 범죄의 어두운 날에 사탄이 가한 최고의 강편치의 결과이다.

그리스도의 속량이 이룬 최고의 성과는 하나님을 우리에게 돌려주신 것이다. 하나님의 구원의 첫째 목적은 우리가 그분을 개인적으로 체험하도록 하는 것이다. 성령께서 우리 안에서 이루시는 성화의 최고 결과는 우리 안에서 '하나님 의식'이 아주 분명해지는 것이다. 우리가 경험하게 되는 은혜의 여러 단계들은 바로 이 '하나님 의식'으로 이끌어주는 계단들이다.

하나님께서 우리의 기도제목 중 딱 한 가지만 들어주신다고 가정해보자. 이때 다른 모든 것들까지 한 방에 해결할 수 있는 단 한 가지 기도제목은 그분 자신을 구하는 것이다!

"오, 주님! 바로 당신입니다. 당신을 주시면 더 원하는 것이 없습니다."

바울의 고난이 주는 위로

믿음을 지키기 위해 고난에 처한 그리스도인은 바울이 고린도 교회에 보낸 편지들에서 많은 위로를 얻을 수 있다.

신약성경 전체에서 이 위대한 사도의 인간적 면모를 가장 잘 드러내는 것은 그가 고린도 교회의 '바울 반대파'의 잔인한 공격을 받아 힘들어하는 모습이다. 그때 그의 고난은 가장 쓰라린 것이었고, 그리스도의 고난을 가장 닮은 것이었다. 영혼이 느끼는 내면적 고통이었기 때문이다. 몸이 고통을 느낄 수 없는 때에도 영혼은 고통을 느낄 수 있다.

고린도 교회에서 바울을 깎아내리려는 자들은 우선 바울에 대한 사람들의 신뢰를 완전히 무너뜨리려고 시도했다. 그들이 사용한 방법은 "바울은 실제로 사도가 아니며 교인들을 자기의 영향력 아래 두려는 권력욕에 눈먼 사기꾼이다"라는 소문을 은밀히 퍼뜨리는 것이었다. 바울이 사도로서의 그의 권위를 변호하는 편지를 써서 그들의 공격에 응수하자 그들은 공격 방법을 바꾸어 그가 다른 점들에서 표리부동한 사람이라고 비난했다. 그들은 "바울은 자기가 자기를 추천했다. 다른 순회전도자들처럼 추천서가 있어야 하는데, 그렇지 못했으니 사도가 될 수 없다"라고 비꼬았다. 바울은 이런 비난에 대응해야 했고, 실제로 그렇게 했다. 하지만 그것이 쉬운 일은 아니었다.

영혼의 고통을 통과할 때

그가 고린도 교회에 보낸 두 번째 편지는 그가 써야 했던 편지들 중 가장 힘들게 쓴 편지였다고 분명히 말할 수 있다. 교회를 위해 부득이 자기 자신을 변호해야 했기 때문이다. 이런 자기 변호가 전혀 내키지 않았지만 꾹 참고 그의 생각을 솔직하게 말한 이유는 그가 사랑하는 동료 그리스도인들에게 그의 사역을 통해 유익을 주려면 먼저 그들의 신뢰를 얻어야 했기 때문이다. 그렇게 할 때 그가 얼마나 큰 굴욕감을 느꼈는지는 "내가 어리석은 자처럼 말한다"라는 말이나 "내가 어리석은 자가 되었다" 같은 말에서 잘 드러난다(고후 11:17; 12:11 참조). 교회를 위해 그는 자신을 희생했고, 그의 적들이 어떻게 생각하든 간에 개의치 않았다. 이것이 그의 방법이었다.

고린도후서를 읽을 때 우리는 나이 많은 이 고결한 사람이 적들의 혹독한 공격으로 심하게 마음고생을 한 것에 대해 동정심을 자제하기 힘들다. 그러나 이제 그런 동정심은 불필요하다. 이미 오래 전에 그는 사악한 자들이 그를 더 이상 괴롭힐 수 없는 곳, 극심한 고난을 겪은 사람들이 이제는 편히 쉬는 곳으로 갔기 때문이다. 이미 아주 오랜 세월 동안 그의 시선은 복락의 땅의 아름다운 경치를 내려다보고 있다.

> 샤론의 붉은 장미가
> 기쁨의 꽃의 정수(精髓)를 뽑아
> 천국의 공기를
> 황홀한 향기로 채우도다

이제 바울은 헤아릴 수 없이 많은 고결한 순교자의 무리와 함께 걷고, 선지자들과 복된 교제를 나누며, 사도들의 영광스런 무리에 속해 있다. 그에게는 이제 우리의 동정이 필요 없다.

고난을 통해 얻는 교훈들

바울과 그의 시련들은 많은 깨달음을 준다. 그중 일부는 우리를 우울하게 하고, 또 일부는 우리를 고양시키는 아름다운 것이다. 예를 들어 그의 고난은 악의(惡意)라는 것이 외부로부터 어떤 공급이 없을 때에도 자체적으로 영양을 공급한다는 것을 가르쳐준다. 싸우기를 좋아하는 사람은 어떻게든 싸울 거리를 찾아내기 마련이다. 흠잡기를 좋아하는 사람은 그리스도인의 삶이 고드름처럼 깨끗하고 눈처럼 순결해도 이런저런 구실을 찾아내 그를 비난한다. 악의로 가득 찬 사람은 그의 증오의 대상이 선지자나 하나님의 아들이라 할지라도 주저 없이 공격한다.

세례 요한이 와서 금식하면 "저 사람은 귀신 들렸다"라고 비난하고, 하나님의 아들이 와서 먹고 마시면 "저 사람은 술고래며 대식가다"라고 공격한다. 악한 자가 선한 사람들을 악인처럼 보이게 만드는 방법은 간단하다. 그것은 자기의 마음속 깊은 곳에 있는 악한 것을 끄집어내어 그들에게 덮어씌우는 것이다.

그런데 바울의 고난을 보고 이런 부정적 의미의 깨달음만 얻게 되는 것은 아니다. 그의 고난을 보고 긍정적 의미의 깨달음을 얻은 사람은 '널리 알려진 심리적 지혜'를 통해 자신의 고난을 이겨낼 수 있다. 이 지혜는 다른 이들과 감정적 유대감을 갖고 슬픔을 반으로 줄이며 기쁨은 두 배로 늘리는 것이다. 어떤 사람이 우리와 똑같은 고난을 먼저 당했지만 능히 이겨냈다는 것을 알게 되면 우리의 고난의 짐은 그만큼 가벼워진다.

행복보다 중요한 것이 있다

바울의 고난과 승리를 볼 때 우리는 '행복'이라는 것이 그리스도인에게 반드시 필요한 것은 아니라고 생각하게 된다. 상심(傷心)보다 더 나쁜 악도 많이 있다. "행복한 시간이 길어지면 사람은 약해진다"라고 말해도 그다지 지나친 말은 아닐 것이다. 특히, 유대인들이 광야에서 육신의 길을 고집한 것처럼 우리가 계속 행복을 고집한다면 약해질 것이다. 행복 타령만 하는 사람은 마음에 불가피하게 어느 정도의 부담과 고뇌를 안겨줄 수밖에 없는 영적 의무들을 피하려고 애쓸 것이다.

가장 좋은 방법은 일부러 고난을 자초하지도 말고 고난을 피하려 애쓰지도 말고, 오직 그리스도를 따르며 언제라도 고락(苦樂)을 함께 받아들이는 것이다. 어떤 특정한 때에 우리가 행복한가 아니면 불행한가 하는 것은 중요하지 않다. 중요한 것은 오직 우리가 하나님의 뜻 안에 있는 것이다. 상심이나 행복 같은 부수적인 것은 그분께 맡겨드려도 전혀 문제가 없으므로 맡겨드려라. 그분은 이 두 가지 중 어느 한 가지 또는 이 두 가지 모두가 우리에게 얼마나 필요한지를 정확히 아신다.

우리의 형제, 베드로

모종의 묘한 이유 때문에 우리는 사람들이 너무 완벽하지 않을 때 그들을 더 사랑하게 되는 것 같다. 대부분의 사람들은 결점 없는 성도와 함께 있으면 왠지 불편해 한다. 너무 완벽해서 인간이 아닌 것 같은 사람을 보면 감동받기보다는 오히려 낙심하기 쉽다. 그보다는 어떤 사람이 우리와 똑같은 시련을 겪고 있다는 것을 알 때 그에게서 더 많은 도움을 얻게 되며, 심지어 그가 우리처럼 시련을 좋아하지 않는다는 사실을 알 때 용기를 얻게 된다.

이런 이유들로 인해서 그리스도인들이 언제나 시몬 베드로에게 특별히 애정을 느껴온 것이 아닌가 하는 생각이 든다. 우리가 바울에 대해 말할 때에는 엄숙한 존경심을 갖고 말하게 되지만, 베드로를 언급할 때에는 동정적인 미소를 띠게 된다. 신앙적 문제로 발버둥치는 보통의 그리스도인이 이 담대한 늙은 어부의 이름을 듣게 되면 얼굴이 밝아진다. "이 사람은 우리 중 하나와 같은 사람이야."

우리와 같은 약함을 지닌 사람

베드로는 결점들이 있었지만 그것들을 극복하고 전진해서 위대한 사람이 되었다. 그는 은은한 향내를 풍기는, 설화석고(alabaster) 같은 성인이 아니다. 우리가 폭풍우 속에서 앞으로 나아가려고 발버둥치고 있을 때 그저 우리를 내려다보고 있는 성인이 아니다. 그도 역시 바람의 매서움을 맛보았고 파도의 잔인함을 알았다. 우리에게 더욱 위로가 되는 것은 그기 곤경에 처했을 때 항상 영웅처럼 행동한 것은 아니라는 것이다. 이것은 우리가 별로 잘하고 있지 못할 때 큰 위로가 된다.

베드로는 다른 어떤 성경의 인물보다 더 많은 모순을 갖고 있었다. 성경의 어떤 인물보다 베드로의 이름을 들을 때 '모순'이라는 이미지가 사람들의 머리에 더 많이 떠오를 것이다. 그는 용기와 두려움, 공경과 불경(不敬), 자기를 돌보지 않는 헌신과 위험스런 자기 사랑의 결합처럼 보였다. 그리스도를 결코 버리지 않겠다고 엄숙히 맹세했지만, 곤경에 처하자마자 변심해서 그분을 부인한 것은 오직 베드로만이 할 수 있는 행동이었다. 예수님의 발 앞에 무릎 꿇고 자기의 죄를 인정했지만, 주님이 자기의 생각과 다른 계획을 말씀하시자 그분을 꾸짖은 것도 역시 베드로만이 할 수 있는 행동이었다.

베드로의 마음속에서 두 가지 성질이 서로 경쟁했기 때문에 그는 서로 완전히 모순되어 보이는 언행들을 보였는데, 이런 언행들은 모두 불과 몇 시간 사이에 일어났다. 그는 바위였지만 흔들렸다. 역사상 전무후무한 '흔들리는 바위'가 되는 위업(?)을 달성한 것 같다. 확실히 그는 물 위를 걸을 만큼 큰 믿음을 가지고 있었지만, 강풍을 이기고 계속 물 위를 걸을 만큼의 믿음은 없는 사람이었다. 이 점에서도 그는 전무후무한 사람이었다.

좋은 면과 나쁜 면을 모두 가진 바로 이런 사람이 베드로였다. 하나님께서 그의 성질을 통합해 그의 내면의 다툼을 상자 안에 넣으실 때까지는 오랜 시간이 걸렸다. 심지어 오순절 성령강림 사건 후에도 베드로는 쓰라린 경험을 통해 몇 가지 교훈을 배웠다.

베드로를 둘러싼 인위적 모순들

일종의 인과응보의 법칙 같은 것에 의해 베드로는 그 후 교회의 역사 속에서 '역사적 모순들'의 중심에 서게 되었다. '역사적 모순들'이라는 표현보다는 '전통적 모순들'이라는 표현이 더 맞을 수도 있다. 이런 것들 중 많은 것에 역사적 근거가 결여되어 있기 때문이다. 아무튼, 이것들은 진실을 왜곡해서라도 자기의 주장을 관철시키려는 로마 가톨릭의 특별한 옹호자들이 날조한 것들이다.

예를 들어보자. 만일 그들의 주장이 옳다면 베드로는 결혼을 하지 않았으면서도 장모가 있는 세상의 유일한 사람이 되고 만다. 성경은 그의 장모가 열병이 나서 누워 있었다고 말하지만, 로마 가톨릭은 그가 결혼한 적이 없다고 말하기 때문이다.

전설은 그가 제1대 교황이었다고 말하지만, 바울은 쉽게 그를 첫 번째 자리에서 밀어내어 이를 무색케 했다. 제1대 교황이라는 사람이 바울 앞에서 온유하게 경의를 표하는 자세를 취했는데, 그 자세는 사람들이 '어떻게 저럴 수 있을까?'라고 의아해할 정도로 분명히 바울보다 낮은 위치에 처하는 자가 취하는 자세였다. 만일 바울이 아니라 베드로가 교황이었다면, 어째서 중요한 공식적 발표들이 베드로가 아닌 바울에게서 나왔는가? 이 모든 것이 우리의 머리를 혼란스럽게 한다. 그러나 이 모든 것보다 훨씬 더 우리를 혼란스럽게 하는 것은 바로 베드로 자신이다.

이 선한 옛사람 베드로에게 교황의 지위가 주어진 것에 대해 그가 비난받아서는 안 된다. 그에게 그런 지위를 준 것은 로마 가톨릭이기 때문이다. 그를 '평생 독신'과 '이 땅에서의 그리스도의 대리자'로 만들겠다는 아이디어가 누군가의 머리에서 나오기 훨씬 전에, 그는 이미 이 복잡하고 소란스런 세상을 떠났다!

이런 식의 달갑지 않은 영예를 베드로처럼 본의 아니게 떠맡은 사람을 꼽으라면 성모 마리아를 들 수 있을 것이다. 소박하고 겸손한 마리아가 소경을 인도하는 반(半)소경들이 자신에게 조작된 영광을 부여하고 있다는 것을 알게 된다면 충격을 받아 말을 잇지 못할 것이다.

보석 같은 회개의 눈물

자신의 모든 결점들에도 불구하고, 어쩌면 그 결점들 때문에 베드로는 한 가지를 아주 잘했다. 그것은 그의 주님의 마음에 상처를 주었을 때 슬픔의 눈물을 흘린 것이었다. 회개할 수 있는 능력은 이처럼 매우 아름다운 보물이다. 그런데 애석하게도 오늘날의 우리에게서는 이 보물이 좀처럼 발견되지 않는다. 베드로처럼 우리에게도 회개의 마음이 있다면 그처럼 깨끗해지고 능력을 갖게 될 것이다.

만일 회개의 마음이 없는 사람이 베드로의 결점들을 보고 위로와 힘을 얻는다면 그 책임은 그 사람에게 있다. 우리의 고백하지 않은 죄를 성인의 고백한 죄 뒤에 숨기는 것은 하나님께서 의도하신 것이 아니다.

베드로의 모순된 성격은 그를 하나님께 나아가도록 이끌어주었다. 우리의 모순된 성격이 우리를 그분께로 이끌어주지 못한다면, 우리는 베드로의 삶에서 아무 교훈도 못 배운 꼴이 될 것이다.

베드로라는 사람이 이 땅에서 살았다는 것과 그리스도께서 그를 만나주셨다는 것이 기쁘다. 그는 적어도 그의 약점들에서 우리 중 아주 많은 이들과 매우 닮았다. 이제 우리에게 남은 것은 그가 어떻게 강해졌는지를 배우는 것이다!

하찮은 그리스도인은 없다

우리의 마음이 무거워지는 경우 중 하나는 스스로를 하찮은 존재라고 생각할 때다. 유구한 인류 역사와 이 땅에 살다 간 무수한 사람들을 생각하면, 갑자기 우리가 넓은 해변의 모래 알갱이 하나에 불과하다는 느낌이 든다. 이런 사실을 있는 그대로 생생하게 느끼는 데에도 어느 정도의 사색이 필요하다.

어떤 이들은 인간 개인의 가치를 강조하기 위해, 또 결코 영원하지 않은 것에 거짓 영원성을 부여하기 위해 인간의 자아에 의존할 수도 있을 것이다. 교만한 인간은 자신이 죽은 후에도 세상이 계속 존재한다는 것을 믿기 힘들어 할 정도로 스스로를 과대평가하기도 한다. 그러나 기다려보면 시간이 모든 것을 말해줄 것이다.

 시간은 그를 먼지로 만들어 바람에 날려버릴 것이고, 그의 친구들도 그들에게 친숙한 정든 곳을 하나씩 떠나 사라질 것이며, 그들을 기억해줄 사람은 아무도 남아 있지 않게 될 것이다. 그 후 찾아오는 여러 세대들은 그들 위에 망각의 층(層)을 겹겹이 쌓아올릴 것이고, 그들은 이 땅에서 아무 의미를 갖지 못할 것이다. 마침내 더 이상 이름으로는 알려지지 않고 단지 통계 숫자로만 남을 것이다.

 이런 것을 생각한다면, 다른 것은 제외하더라도 최소한 그리스도의 메시지를 우리 마음 깊이 새기려 해야 한다. 그분의 메시지가 너무나 완전하고 포괄적이기 때문에 그것의 의미를 한 문단이나 한 페이지나 한 권의 책 안에 담는 것은 불가능하다. 그토록 놀라운 복음의 모든 것을 글로 씨서 책에 담는다 해도 그 책들을 두기에는 온 세상이 너무 좁을 것이다. 십자가의 복음이 주는 유익 중 결코 가볍게 볼 수 없는 것이 있는데, 그것은 복음이 인간의 존엄성을 높인다는 것이다.

 하나님의 아들을 만나기 전까지 아무리 하찮은 존재였다 할지라도, 그가 그분을 만나는 순간부터는 아주 귀중한 존재로 변한다. 주님이 그에게 손을 얹어주시면 더 이상 그는 '그냥 보통 사람'이 아니다. 그는 즉시 특별한 사람이 되며, 우주적 의미를 갖게 된다. 하늘의 천사들이 그를 알아보고 그를 섬기기 시작한다(히 1:14). 전에는 얼굴 없는 허다한 무리 중 한 사람이었고, 우주의 미물(微物)이었으며, 바람에 날려 끝없는 불모지를 떠도는 보이지 않는 먼지 한 톨에 불과했다. 하지만 이제는 얼굴이 생기고, 이름도 갖게 되었으며, 의미 있는 큰 계획의 한 부분으로 당당히 자리 잡게 되었다. 그리스도는 그분의 양들의 이름을 일일이 다 아신다.

어떤 젊은 목회자가 도시의 큰 교회 목회자에게 "저는 단지 산간벽지에 있는 작은 교회의 목회자입니다"라고 자신을 소개했다. 그러자 도시 교회의 목회자는 "목사님, 작은 교회라는 것은 없습니다"라고 말했다.

무명의 그리스도인은 없다. 하나님의 아들들 중 하찮은 사람은 없다. 각각의 그리스도인은 모두 중요하며, 밤낮으로 삼위일체 하나님의 눈길을 끌어당기는 표지판이다. 예수님이 무수히 많은 사람 중에서 우리를 뽑아내 그분께로 부르시면 얼굴 없는 사람이 얼굴을 갖게 되고, 이름 없는 사람에게 이름이 주어진다.

우리가 우리 자신을 하나님의 계획 속에 있는 우리의 존재보다 열등한 존재로 간주한다면 주님은 슬퍼하신다. 하나님 없이 우리 자신만 떼어놓고 생각하면 우리는 아무것도 아니다. 그리스도를 만나기 전에 우리가 향해 가고 있던 '저 망각의 심연'이 본래의 우리에게 합당한 곳이었다. 우리에게는 하나님의 관심의 대상이 되어 그분의 사랑을 받을 만한 공로가 전혀 없었다. 우리는 창조주 하나님께 주장할 수 있는 우리의 권리를 죄 때문에 박탈당했다.

그러나 영원한 언약의 피가 이 모든 것을 바꾸어놓았기에, 이제 우리는 자녀로서 아버지에게 주장할 수 있는 권리를 갖게 되었다. 아버지의 집에 거할 수 있는 권리를 얻었기 때문에 아무런 두려움이나 당혹감 없이 그분의 식탁에 앉을 수 있다. 그분의 나라에서 아주, 아주 중요한 존재가 된 것이다!

WE TRAVEL
AN APPOINTED WAY

4

진정한
그리스도인으로 살다

낭비가 이끄는 비극의 길

하나님은 그분의 기쁘신 뜻에 따라 우리 각 사람에게 일정량의 선물을 주셨다. 어떤 이에게는 많이 주셨고, 또 어떤 이에게는 적게 주셨다. 본래 그분이 우리에게 빚진 것은 전혀 없기에, 그분의 모든 선물은 우리의 공로로 얻은 것이 아니라 그분의 넉넉하심으로 주어진 것이다. 그러므로 적게 받았다고 해서 그분께 불평해서는 안 된다. 그분은 우리에게 진 빚을 갚으려고 무엇을 주시는 것이 아니라 순전히 자비로운 마음에서 값없이 주시는 것이기 때문이다.

성경의 중요한 교훈 중 하나는 하나님은 선물을 값없이 주시지만, 종국에는 그 선물에 대해 엄격히 책임을 물으신다는 것이다. 모든 이는 자기가 받은 것이 많든 적든 간에 그것에 대해 개인적으로 책임이 있기 때문에 장차 그리스도의 심판대 앞에서 그것의 사용 내역에 대해 해명하지 않으면 안 된다.

하나님께 받은 것이 무엇인지에 대해서는 어렵게 생각할 필요가 없다. 인간이 가진 이런저런 것들이 다 여기에 속하기 때문이다. 그것은 우리가 익히 알고 있는 것, 예를 들어 시간과 재능, 이 땅의 재물, 기회 같은 것들이다. 이런 것들은 길가에서 쉽게 볼 수 있는 잡초만큼이나 흔하지만, 이것을 낭비하는 일은 인생의 무서운 비극 중 하나이다.

낭비에 익숙해지다

먼저 시간의 낭비에 대해 생각해보자. 우리 중 시간이 많은 사람은 아무도 없다. 지금 목초지에서 졸고 있는 젖소에게 그늘이 되어주고 있는 나무는 소년이셨던 우리의 할아버지를 내려다보았을 것이고, 미래에 그 아래로 지나가게 될 우리 자녀들의 자녀들을 내려다볼 것이다. 우리에게 주어진 시간이 이토록 짧다는 사실 하나만으로도 시간을 최대한 선용해야 할 충분한 이유가 생긴다.

그럼에도 아무것도 하지 않거나 잘못된 일을 행하면서 낭비하는 시간이 얼마나 많은가! 삐딱한 태도로 귀한 시간을 낭비하기 때문에 우리에게 시간이 더 주어지지 않는 것인지도 모른다. 예수님은 "남은 조각을 거두고 버리는 것이 없게 하라"(요 6:12)라고 말씀하셨다.

낭비된 시간을 되찾을 수 있는 방법은 없다. "오, 시간이여! 방향을 바꿔 과거로 날아가라"라는 옛 노랫말이 마음에 와 닿는 것은 충분히 이해가는 일이지만, 사실 이것보다 더 헛된 호소도 없을 것이다. 시간이 거꾸로 흐르는 일은 일어나지 않기 때문이다. 노인은 젊어지지 않고, 오히려 젊은이가 노인이 된다. 이제까지 늘 그랬고, 앞으로도 언제나 그럴 것이다. 시간의 새는 우리 옆을 날아서 영원히 가버린다. "인생의 낙엽이 하나씩 떨어지고, 인생의 포도주가 한 방울씩 스며나간다"라는 말이 있다. 그러므로 우리는 '오늘'이라는 시간이 남아 있을 때 일해야 한다.

우리가 낭비하기 쉬운 또 다른 것은 재능이다. 재능은 우리의 하늘 아버지께서 주신 것 중 하나이다. 우리의 재능이 한 가지이든 여러 가지이든 간에 우리는 결국 그분 앞에서 계산을 해야 할 것인데, 그 계산의 기준은 우리가 얼마나 많은 재능을 가졌느냐가 아니라 우리의 재능으로 무엇을 했느냐가 될 것이다.

자기의 재능을 사용하지 않는 부주의한 그리스도인은 자기의 달란트를 땅에 묻었던 사람에 대한 이야기를 읽고 경각심을 가져야 한다. 그다지 대단하지 않은 재능을 가지고도 영적으로 큰 일을 이룬 사람들이 있는 반면, 이보다 훨씬 더 대단한 재능을 가지고도 우화에 나오는 메뚜기처럼 인생의 여름을 빈둥빈둥 놀며 보내는 사람들도 있다. 후자는 헛되이 흘러가는 시간 속에 자기의 재능을 묻어두고 사용하지 않는 자들이다. 다시 말하지만, 이런 낭비는 비극이다. 이런 일이 흔하다고 해서 그 일이 덜 비극적인 일이 되는 것은 아니다.

또 생각해볼 것은 돈이다. 미국의 그리스도인들은 돈을 많이 벌어서 아낌없이 쓰는 습관에 빠져 있기 때문에 이런 습관을 당연한 것으로 여기면서, 그들의 돈 사용에 대해 나중에 임히 심판받는다는 것을 까맣게 잊고 있다. 그러나 주님은 여전히 우리의 금고 옆에서 그 안으로 들어오는 돈을 지켜보고 계신다.

이것이 돈에 관한 온갖 언급에서 웃음거리를 찾으려고 혈안이 되어 있는 유머 작가들에 의해 농담으로 변질되어버렸다. 하지만 과연 장차 주님 앞에서도 농담이 나올까? 그분이 불꽃

같은 눈으로 우리의 회계보고서를 들여다보며 공정하게 회계감사를 하실 때 그 앞에서 웃을 수 있는 사람은 거의 없을 것이다. 그러므로 잘못한 것을 바로잡을 수 있는 시간이 남아 있을 때 스스로 회계감사를 조금이라도 해보는 것이 좋다.

선물을 선용할 기회를 놓치지 마라

하나님께서 우리에게 주신 또 다른 것은 무수한 기회들이다. 여기서 말하고자 하는 '기회'란, 우리의 시간과 돈과 재능을 선용하도록 하나님께서 섭리 가운데 만들어 놓으신 상황이다. 모든 선물들 중에서 이것이 가장 일반적인 것이라고 할 수 있는데, 오직 이 '기회'라는 통로를 통해서만 다른 모든 귀한 선물들이 우리 자신과 인류에게 실제로 유익을 주게 된다.

지혜로운 그리스도인은 선을 행할 기회, 생명의 말씀을 죄인에게 전할 기회, 그리고 다른 이들을 구하기 위한 중보기도를 드릴 기회를 늘 찾는다. 엉뚱한 것에 정신을 빼앗기면 기회를 잡지 못하게 된다. 하나님은 인류를 위해 큰 승리를 이룰 수 있는 기회를 주시지만, 바로 그때 우리 중 어떤 이들은 별로 중요하지 않은 것에서 즐거움을 맛보느라고 그 기회를 알아채지 못한다. 설사 알아챈다 해도 너무 늦게 알아챈다. 고대 그리스인들은 "기회는 앞머리 털이 있지만 뒷머리 털은 빡빡 깎아버렸다"라고 말했다. 기회가 다가올 때 잡지 못하면, 그것이 지나간 후에는 잡으려 해도 소용없다는 뜻이다!

  낭비의 가장 나쁜 결과는 그것 때문에 생기는 정신적 습관일 것이다. 시간이나 돈이나 재능이 낭비되도록 내버려두는 것은 우리 자신에게 해를 끼친다. 특히, 가장 중요한 우리의 내면에 해를 끼치게 된다.

성공은 대가를 치러야 얻을 수 있다

어떤 분야에서든 성공하려면 비싼 대가를 치러야 하지만, 그 대가를 기꺼이 치를 의지가 있는 사람은 성공할 수 있다.

콘서트를 준비하는 피아니스트라면 피아노에 노예처럼 묶여 있어야 할 것이다. 매일 네 시간이고 다섯 시간이고 건반 앞에 앉아 있어야 한다. 과학자는 연구에 삶을 바쳐야 하고, 철학자는 사색에 심취해야 하며, 학자는 책에 파묻혀 살아야 한다. 성공을 얻기 위해 치러야 할 대가가 지나치게 큰 것이 아닌가 하는 생각이 들기도 하지만, 어떤 이들은 "성공이란 것은 어떤 대가를 치러도 좋을 만큼 충분히 가치 있는 것이다"라고 말한다.

이런 성공의 원리는 '영혼'이라는 고차원적 영역에서도 동일하게 작용하기 때문에 영적으로 성장하려면 역시 대가를 치러야 한다. 성령의 일들에서 뛰어난 위치에 이르려면 그것들에 몰두해야 한다. 어느 정도인가 하면, 우리 대부분이 생각하는 것보다 훨씬 더 철저히 몰두해야 한다. 이 원리를 피해가면서 성공에 이를 수는 없다.

만일 우리에게 거룩해지려는 의지가 있다면 그 길도 알 수 있게 된다. 거룩한 삶의 원리는 이미 우리 앞에 있다. 구약의 선지자들, 신약의 사도들, 무엇보다도 우리 주님의 고상한 가르침이 성공의 길을 우리에게 가르쳐준다.

은혜의 교리를 오해한 일부 사람들은 하나님의 법칙들이 하늘 나라에서 작용한다는 것을 받아들이지 않는다. 이런 사람들은 영적인 것들과 자연적인 것들을 완전히 분리시키고 이 둘 사이의 관계를 부정한다. 그러나 이것은 성경의 기록자들이 일상생활에서 끌어온 사실과 비유를 풍부하게 사용해 모든 교훈을 기록했다는 사실을 간과하는 것이다. 성경의 기록자들이 보기에는 길가의 볼품없는 풀잎 하나부터 저 높은 하늘의 태양과 별들에 이르기까지 자연의 모든 것이 하나님의 메시지를 전하고 있었다.

성경에서는, 성경의 독자들이 하나님의 행하시는 방법들을 잘 이해할 수 있도록 왕과 농부들이 빛을 비추어준다. 개미와 참새도 하나님의 메시지를 전달하기 위해 성경에 등장한다. 절대 본받지 말아야 할 사람 중 하나로 성경은 미련한 자에 대해 말한다. 게으름을 극복하지 못한 사람이 결국 어떤 꼴이 되는지를 보여주는 서글픈 예로 제시되는 것은 무너진 집에 앉아 있거나 제대로 자라지 못한 옥수수들 사이로 걷고 있는 게으름뱅이다.

건축에 필요한 비용을 계산해보지 않고 건축을 시작한 건물주, 승산 없는 전쟁을 시작한 왕, 손에 쟁기를 잡았다가 생각을 바꾸어 뒤를 돌아보는 농부. 성경에서 이런 사람들이 주는 메시지는 동일하다. 그것은 지혜가 영성의 한 가지 핵심 부분이라는 사실이다! 즉 믿음 생활에서 성공하려면 건전한 판단력이 있어야 하고, 열심히 노력해야 하며, 인과관계의 법칙에 지혜롭게 따라야 한다는 것이다.

콘서트를 준비하는 피아니스트가 대부분의 그리스도인들이 영적인 일들에서 보여주는 게으름만큼 게으르다면 음악계를 떠나야 할 것이다. 빅 리그에 속한 야구 선수가 교회 그룹들에 속한 사람들만큼 게으르다면 일주일 만에 쫓겨날 것이다. 만일 과학자가 그리스도인 평신도들이 거룩해지는 방법에 무관심한 만큼 자신의 과학적 문제에 무관심하다면 어떤 난제도 풀지 못할 것이다. 교회의 신자들처럼 훈련이 안 되고 유약한 병사를 가진 나라는 적국의 첫 공격에 무릎을 꿇을 것이다.

편안하게 소파에 앉아서 승리를 거두는 것은 불가능하다. 성공하려면 반드시 그 대가를 지불해야 한다. 영적으로 전진하려면 잡다한 것들에 신경을 끊고 하나님의 일들에 집중해야 하며, 세상적인 사람들이 중요하게 여기는 아주 많은 것들을 뿌리쳐야 한다. 고독과 침묵 속에서 하나님과의 관계를 깊게 해야 한다. 밭에서 일하는 농부나 땅속에서 수고하는 광부처럼 우리의 활동과 수고의 영역에서 그분의 나라를 만들어가야 한다.

엉뚱한 곳에 관심을 쏟지 마라

사탄은 하나님의 자녀를 향해 정면 공격을 퍼붓다가 실패하면 그의 악한 목적을 이루기 위해 좀 더 교묘한 방법을 사용하기 시작한다. 하나님의 자녀가 그분께 받은 사명을 완수하지 못하도록 그의 관심과 주의를 다른 곳으로 돌리기 위해 기만적인 방법을 동원한다. 그것은 성도가 중요성이 떨어지는 어떤 다른 것에 관심을 쏟도록 유도해서 결국은 자신의 사명에서 멀어지도록 만드는 것이다. 그렇게 해서 그는 종종 자신의 목적을 이룬다.

선한 사람 느헤미야는 하나님께서 그의 마음에 심어주신 비전에 따라 무엇인가를 하기 위해 눈물을 멈추고 자리에서 일어났다. 그리고 하나님의 섭리 가운데 수산을 떠나 그의 사랑하는 성 예루살렘으로 가게 되었다. 그에게는 왕에게서 받은 권세가 있었고, 성의 재건에 필요한 물질이 있었다. 그리고 느헤미야의 목적과 계획이 예루살렘 사람들에게 알려졌을 때 그들은 "일어나 건축하자"(느 2:18)라고 단호히 외쳤다.

예루살렘 성의 재건 추진에 관한 이야기를 들었을 때 원수가 보인 첫 번째 반응은 그 모든 계획에 조롱을 퍼붓는 것이었다. 그러나 산발랏과 도비야와 게셈이 느헤미야와 그를 돕는 사람들을 비웃고 조롱했을 때에도 느헤미야는 물러서지 않았다. 오히려 "하늘의 하나님이 우리를 형통하게 하시리니"(느 2:20)라고 단호히 응수했고, 재건은 계획에 따라 계속되었다.

성의 재건을 막으려는 다른 모든 방법들이 실패로 돌아가자 음모자들은 느헤미야에게 회담을 제안했다. 그러나 하나님의 사람은 그들의 제안이 자신에게 위해(危害)를 가해 그의 기념비적 사업에 집중하지 못하게 하려는 악한 술수임을 꿰뚫어 보고, "내가 이제 큰 역사를 하니 내려가지 못하겠노라 어찌하여 역사를 중지하게 하고 너희에게로 내려가겠느냐"(느 6:3)라고 대답했다. 그의 대답은 아주 지혜로웠다. 이와 같은 대답이 기만적인 제안에 응수하는 상투적인 대답으로 사람들 사이에서 자주 사용되는 것은 당연하다.

하나님께서 느헤미야에게 맡기신 사명이 너무나 중요했기 때문에 그 밖의 다른 것들은 모두 뒷전으로 밀려나야 했다. 우리도 느헤미야처럼 우리 아버지의 일을 이루어드리겠다는 사명감에 압도당하고 우리에게 주어진 사명의 숭고함에 감탄하면 좋겠다! 그렇게 된다면 그 밖의 다른 하찮은 일들에 시간을 투자하라는 악한 자의 모든 속삭임을 뿌리치게 될 것이다.

이미 주전 445년에 느헤미야의 입에서 나온 이 말, 즉 "내가 이제 큰 역사를 하니 내려가지 못하겠노라"(느 6:3)라는 말로 악한 자를 완패시키자! 이 말 외에 무슨 말이 더 필요하겠는가?

우리의 관심을 다른 곳으로 분산시키려는 사탄의 말은 종종 아주 예기치 못한 곳에서 나온다. 마르다는 마리아를 불러 주님의 발 앞에서 떠나게 하려고 했다. 우리가 조심하지 않으면 때로는 우리의 가장 친한 친구가 우리를 사명의 길에서 벗어나게 만들 수도 있다. 또는 아주 정당한 활동이 그런 역할을 할 수도 있다. 우리는 야단법석을 떨며 바쁘게 돌아가는 현대 생활 때문에 너무나 자주, 너무나 빨리 예수님의 발 앞에서 떠나는 경향이 있다. 우리의 관심을 쓸데없는 곳으로 돌리는 것들은 모두 속히 떨쳐버려야 한다. 그렇게 하지 못하면 '소득 없는 분주함'에 빠지고 말 것이다.

현재 유행하는 대부분의 교회 프로그램의 비본질적 활동들과 계속 증가하는 기독교 단체들은 우리가 방심하는 사이에 우리의 관심을 엉뚱한 곳으로 돌려 우리를 미로 같은 샛길로 끌고 갈 수도 있다. 그 끝은 아무 열매 없는 막다른 골목이다. 우리의 재능을 낭비하지 않는 방법은 하나님께서 주신 세계복음화의 사명을 성실히 감당하는 것이다. 그렇게 하려면 하나님께서 복을 주신 검증된 방법들을 사용함으로, 한편으로는 무기력한 교파주의의 수렁을 피하고 다른 한편으로는 과열된 비생산적인 활동을 피해야 한다.

현재와 같은 세상에서 살아가려면, 우리의 관심을 자꾸 곁길로 끌고 가는 것들을 피하는 기술을 능숙하게 익혀서 늘 열심히 사용해야 한다.

그리스도인들이 미움 받는 진짜 이유

때로 그리스도인들은 우리의 경건 때문이 아니라 다른 이유들로 인해 반대에 부딪히거나 핍박을 받는다. 우리는 사람들이 우리의 영성 때문에 우리에게 분개한다고 생각하고 싶어 하지만, 사실은 우리의 성격 때문에 그들이 우리에게 짜증을 내는 것이다.

물론 세상의 영이 하나님의 영을 대적하고, 육체를 따라서 난 자가 성령으로부터 난 자를 박해하는 것은 사실이다. 하지만 이런 점을 인정한다 할지라도 우리가 부인할 수 없는 것은 일부 그리스도인들이 그리스도의 성품을 닮아가기 때문이 아니라 그들의 잘못 때문에 스스로 피곤한 상황에 빠진다는 것이다. 이런 사실을 부정하지 말고 자신을 고치는 방향으로 나가는 것이 좋다. 다른 사람들을 짜증나게 하는 좋지 않은 기질적 특징을 성경 구절 뒤에 교묘히 숨기려고 해봤자 문제 해결만 점점 더 멀어질 뿐이다.

인생의 묘한 사실들 중 하나는 상스러운 죄들이 정신적인 죄들보다 종종 덜 불쾌감을 주고 더 매력적으로 보인다는 것이다. 세상은 술고래나 대식가나 미소 짓는 허풍쟁이는 참아 줄 수 있지만, 외적으로는 경건의 모습을 보이면서 미묘한 죄들을 갖고 사는 사람에게는 격하게 분노한다. 정작 본인은 이런 죄들을 죄라고 인식하지 못하겠지만, 이런 죄들은 육체의 죄들보다 더 악한 것일 수 있다.

어떤 것이든 마음속 깊은 곳으로 파고들수록 그 힘이 더 커지는 법이다. 그렇기 때문에 정신적인 죄들이 육체적인 죄들보다 더 나쁘다. 이 두 가지 종류의 죄와 각각에 상응하는 두 부류의 죄인들에 대해 주님이 취하신 태도는 이 사실을 아주 분명하게 드러낸다. 그분은 세리와 창기의 친구이셨지만 바리새인들에게는 적이셨다.

모든 죄는 사악한 것이므로 용서받아 정결하게 되지 않으면 영혼에 치명적인 결과를 가져온다. 하지만 그 사악함의 정도를 볼 때 정신적인 죄들은 비길 데 없이 악하다. 문제는 종교인들이 이런 죄들을 범할 가능성이 매우 높다는 것이다.

조심성 없는 죄인은 자기의 속마음을 쉽게 겉으로 표현하기 때문에 마음속의 도덕적 긴장을 노출시키지만, 종교적 죄인은 그렇지 않다. 그는 다른 사람들이 겉으로 나타내는 사악한 행동들을 비웃으면서 자기의 죄를 자꾸 마음속 가장 깊은 곳으로 몰아넣고 꾹꾹 억누른다. 그렇기 때문에 '악명 높은 비호감'이 많은 종교인에게서 나타나는 것이다.

사람들이 왜 우리를 싫어하는지, 왜 우리의 복음 전도를 그토록 거부하는지를 안다면 우리 중 어떤 이들은 크게 충격을 받을 것이다. 그 이유가 우리가 감추려 해도 감출 수 없는 깊은 기질적 악함 때문은 아닐까? 교만, 사랑 없음, 경멸, 자기의(自己義), 신앙에 대한 속물적 우월의식, 헐뜯기…. 이런 모든 것들이 우리의 경건한 미소와 인위적 농담의 가면 뒤에 용의주도하게 억제되어 있는 것은 아닐까?

일상생활에서 우리를 접하는 사람들은 이런 것들을 머리로 이해하는 것이 아니라 감정으로 느낀다. 그들은 자기들이 왜 우리를 미워하는지 알지 못한 채 거의 무의식적으로 미워한다. 그런데 우리는 우리의 높은 영성 때문에 미움 받는다고 착각한다. 이 얼마나 위험천만한 자기 위로인가! 우리는 우리의 마음을 깊이 살피고 철저히 회개해야 한다.

그렇다고 해서 우리가 핍박받는 것이 모두 우리의 잘못 때문이라고 단정하지는 말자. 그 반대일 수도 있다. 그들이 우리를 미워하는 것은 그들이 먼저 그리스도를 미워했기 때문일 수도 있다. 만일 그렇다면 우리는 정말 복 있는 자이다!

중요한 것은 속단하지 않는 것이다. 우리는 우리가 생각하는 것보다 더 훌륭한 존재일 수도 있지만, 그럴 가능성이 압도적으로 높은 것은 아니므로 겸손해야 한다. 언제나 겸손이 최선의 길이다.

계층의식에서 벗어나라

내가 해 아래서 본 한 가지 악한 일이 있는데, 그것은 결코 줄어들지 않고 점점 더 심해지고 있다. 이것이 더욱 위험한 까닭은 고의적인 악한 뜻 없이, 즉 그릇된 의도 없이 부주의하게 일어나는 일이기 때문이다. 가진 자에게는 주고 없는 자에게는 주지 않는 것이 바로 이 악한 일이다. 이것은 이미 복 받은 자들을 큰 소리로 축복하고, 복 받지 못한 자들과 버림받은 자들을 기억하지 않는 것이다.

명성이 자자한 사람이 어떤 지역의 기독교 공동체를 찾아왔다고 가정해보자. 이 사람은 그를 대접하는 사람의 위신을 크게 세워줄 것이기 때문에 여러 가정이 앞다투어 이 사람을 집으로 초대해 융숭하게 대접하고자 할 것이다. 그러나 잘 알려져 있지 않은 무명인은 어떤 가정에도 초대받지 못한 채 기독교 공동체의 변두리에 머무는 것으로 만족해야 할 것이다.

이것이 저 큰 날에 심판받게 될 큰 악이요 죄이지만 워낙 광범위하게 퍼져 있어서 우리 중 이것에서 자유롭다고 주장할 수 있는 사람이 거의 없는 실정이다. 그러므로 이것을 비판하는 나 자신에게도 어느 정도 이 죄가 있다고 인정하며, 온전히 겸손한 마음으로 이것을 비판하는 바이다.

돌려받으면 사라져버린다

예리한 눈으로 관찰하는 사람은 방대한 규모의 기독교 재정이 사실상 돈이 필요 없는 사람들에게 사용되고 있는 현실을 감히 부정하지 못할 것이다. 가난하고 어렵고 도움받지 못하는 사람들도 분명히 그리스도인이고 우리와 함께 주님을 모시는 종이지만 관심 밖으로 밀려나 도움을 받지 못한다. 이 문제에 있어서는 오늘날의 교회도 세상만큼이나 눈이 멀어 있고 편파적이다.

우리 주님은 우리의 도움에 보답할 수 있는 사람들에게만 도움을 베푸는 잘못을 범하지 말라고 경고하셨다. 우리는 선을 행한다고 생각하면서 그들에게 도움을 주었을지라도 그들이 보답하면 우리의 선이 사라져버리기 때문이다.

주님의 이 경고의 말씀에 비추어볼 때, 현재 교회들의 신앙적 활동은 사실상 낭비되고 있다고 말하지 않을 수 없다. 호의호식하는 친구들을 초대해서 잘 대접하면, 그들은 여건이 허락하는 대로 즉시 자신을 저녁식사에 초대할 것이라는 계산에 따라 그들을 초대하는 것은 절대 기독교적 환대가 아니다. 이것은 이 땅에 속한 것, 즉 세상적인 것이며 아주 육신적인 동기에서 나오는 것이다. 여기에는 자기희생이 전혀 없고 도덕적 가치도 전무하다. 이것은 장차 그리스도의 심판대 앞에서 불에 타버릴 '나무나 풀이나 짚'(고전 3:12)으로 평가될 것이다.

죄인을 거부하는 악한 죄인들

지금 내가 논하고 있는 이런 악은 신약 시대의 바리새인들에게서 흔히 찾아볼 수 있었다. 마태복음 23장에서 그리스도는 그들의 악의 전모를 가차 없이 폭로하셨고, 그들은 그분에 대한 끝없는 증오에 사로잡히게 되었다.

바리새인들이 악했던 이유는 그들이 친구들을 대접했기 때문이 아니라, 백성 중 가난한 사람들과 명성이나 지위가 없는 사람들을 대접하지 않았기 때문이다. 그들이 그리스도께 퍼부은 독한 비난 중 하나는 그분이 죄인들을 받아들여 함께 식사하신다는 것이었다. 그들은 자신을 낮추어 죄인들과 함께 식사하는 것을 거부했다. 극도의 교만에 사로잡힌 그들은 그들이 그토록 차갑게 거부한 최악의 죄인들보다 일곱 배나 더 악해졌다.

미국인들은 입으로는 민주주의를 극구 찬양하지만 속으로는 계급의식이 아주 강하다. 우리가 만날 수 있는 정치가와 교육자와 교회 지도자들은 어디를 가든지 보통 사람들을 높이고 만인평등을 옹호하지만, 그들의 실제 개인적 생활에서는 그런 사람들을 차갑게 대한다. 지극히 오만한 군주가 보통 사람들을 대할 때처럼 말이다.

명성이 자자한 사람, 부자, 유명인 대접을 받는 사람, 배우, 공인(公人), 이런저런 분야에서 스타가 된 사람, 이런 사람들로 구성된 상류사회가 우리 가운데 존재한다. 이들은 보통 사람들과 다른 특수 계층이다. 이런 계층 아래에 '대중'이라고 불리는 익명의 사람들이 그들에게 감히 가까이 가지 못한 채 입을 딱 벌리고 서서 감탄만 하고 있다. 예수님이 십자가에서 돌아가실 때 그들을 마음에 품으셨다는 것 외에는 이런 대중이 내세울 수 있는 것이 전혀 없다.

주님의 마음을 회복하자

교회 안에도 역시 계층의식이 존재하는데, 이것은 사회의 계층의식이 교회 안에 반영되어 나타난 것이다. 세상에서 교회 안으로 넘어온 이것은 그리스도의 정신과 완전히 이질적이고 전혀 반대되는 것이지만, 그리스도인들의 행동에 크게 영향을 미친다. 이것이 내가 이 글에서 지적하는 악의 뿌리이다.

일반적으로 볼 때, 대개 사회적으로 낮은 계층에 있는 사람들을 구성원으로 삼아 시작하는 복음주의적 교회들은 어느 정도 부를 획득하고 사회에서 인정을 받게 되면 만족을 느낀다. 그런 다음에는 점차적으로 계층화되는데, 이런 계층화에 크게 영향을 미치는 요소는 교인들의 부와 교육 수준이다.

이런 다양한 계층들 중 최상위의 계층에 속하는 사람들은 교회 안에서도 기둥 같은 존재가 되고 지도력과 영향력을 발휘할 수 있는 자리를 재빨리 차지한다. 그렇게 되면 큰 유혹이 그들에게 찾아온다. 그것은 자기 계층의 구미에 맞는 쪽으로 교회를 이끌어가고, 그들 주위에 모래알처럼 많은 가난하고 못 배운 사람들을 소홀히 하고 싶은 유혹이다. 이내 그들은 온유와 겸손으로 이끌어주시려는 성령의 온갖 인도에 마음의 문을 닫게 된다.

그들의 집은 흠잡을 데 없이 깨끗하고, 그들의 옷은 최고급품이며, 그들의 친구들은 자기들끼리만 어울리는 배타적인 사람들이다. 그들은 모종(某種)의 도덕적 충격의 강펀치를 맞지 않으면 고쳐지지 않는 구제불능의 상태에 빠져 있다. 그러면서도 성경을 믿는 기독교를 옹호하느라고 열변을 토하고, 교회의 선한 사업에 거액을 기부한다.

내가 직설적으로 묘사한 이런 현실에 분개하지는 말자. 다만, 겸손한 마음으로 하나님의 가난한 사람들을 섬기자. 가난과 눈물과 마음의 굶주림 밖에는 내세울 것이 없는 이 땅의 '잊혀진 자들'을 위해 헌신하신 예수님을 본받자.

말이 올무가 되지 않게 하라

종교계에서 달변보다 더 높이 평가받는 것들은 별로 없다. 그러나 실제적 가치에 있어서 달변보다 못한 것들도 별로 없고, 달변보다 우리에게 더 큰 유혹과 더 큰 해를 가져오는 것들도 별로 없다.

모든 이들이 설교자에게 기대하는 한 가지 자질은 거의 모든 종교적·윤리적 주제에 대해 유창하게 강론할 수 있는 능력이다. 그러나 이런 능력은 기껏해야 '미덥지 못한 자산(資産)'일 뿐이다. 그리고 이 능력은 그리스도의 능력으로 정결케 되지 않으면 오히려 설교자가 이 땅에서 직면하게 될 최악의 적(敵)으로 판명될 가능성이 아주 높다.

갑자기 설교 부탁을 받아도 얼마든지 해낼 수 있다고 자신하는 설교자는 그런 능력이 오히려 장애물이 된다는 것을 깨달아야 한다. 그가 그 장애물을 극복하지 못하면 하나님과 그분의 나라를 위해 최상의 능력을 발휘할 수 없게 된다.

혀가 둔했던 모세

모세는 말이 유창한 사람이 아니었다. 그는 하나님께 "나는 본래 말을 잘하지 못하는 자니이다 주께서 주의 종에게 명령하신 후에도 역시 그러하니 나는 입이 뻣뻣하고 혀가 둔한 자니이다"(출 4:10)라고 말씀드렸다. 그의 이 말은 사실을 사실대로 공정하고 솔직하게 평가한 것이다.

그런데 하나님께서 자신의 능력에 의문을 품는 그분의 종을 격려하기 위해 "네가 네 능력을 잘못 평가했다"라고 말씀하셨는가? 그렇지 않다! 그분은 모세의 말을 부정하지 않으셨고, 대신 "레위 사람 네 형 아론이 있지 아니하냐 그가 말 잘하는 것을 내가 아노라"(출 4:14)라고 말씀하셨다. 아론의 언변을 A등급으로 평가하신 것이다.

확실히 아론은 말을 아주 잘하는 사람이었다. 그러나 이스라엘 민족의 입장을 대변하기 위해 애굽 왕 바로 앞에 거듭 섰던 사람은 달변의 아론이 아니라 혀가 둔한 모세였다. 천지창조의 놀랍고 아름다운 이야기를 글로 쓴 사람도 언변 좋은 아론이 아니라 모세였다. 역사상 가장 시적(詩的)이고 감동적인 책 중 하나인 신명기를 쓴 사람도 모세였다.

아론이 너무 말을 잘해서 하나님이 사용하지 않으신 것인가? 나는 그분이 그를 사용하지 않으신 이유를 안다고 감히 주장하지 못한다. 하지만 그 이유가 무엇이든 간에 분명한 것은 성경에 아론의 말은 아주 조금 나오지만 모세가 쓴 글은 헤아릴 수 없을 만큼 많이 나온다는 것이다.

이 모든 것의 배후에 숨어 있는 이유를 추측해본다면, 큰 감정으로 충만한 사람은 말을 유창하게 하기 힘든 반면 가벼운 감정을 가진 사람은 여러 말로 자신을 표현하는 것이 쉽다는 것이다. 우리의 입에서 얼마나 많은 단어들이 나오는가 하는 것은 감정의 깊이와 반비례하는 경향이 있다. 마음속 가장 깊은 곳에서 나오는 감정들 중 어떤 것들은 아주 간결하게 표현되는 경향이 있다.

짧지만 깊은 성경의 표현들

예수님이 나사로의 무덤에서 느끼신 강렬한 슬픔을 기록한

요한복음의 구절을 그 한 예로 들 수 있다. 요한은 단지 이렇게 기록할 뿐이다.

"예수께서 눈물을 흘리시더라"(Jesus wept, 요 11:35).

성경을 무수한 절(節)로 나눈 학자들은 이 '두 단어'가 하나의 절로 독립하도록 그대로 두는 탁월한 미적 감각을 발휘했다. 친구를 향한 그리스도의 사랑의 깊이를 드러내기 위해 이 두 단어에 다른 것을 더 붙일 필요는 전혀 없었다.

유사한 예를 들자면, 세상을 흔들어놓은 그리스도의 십자가 사건은 단지 '네 단어'로 표현되어 있다(여기서 '네 단어'라 함은 영어 본문을 기준으로 하는 말이다 - 역자 주).

"그들이 거기서 예수를 십자가에 못 박을 새"(There they crucified him, 요 19:18).

오늘날의 얄팍한 소설가나 극작가가 이토록 엄청난 사건에 대해 글을 쓴다고 가정해보자. 그들이 거창하게 준비해서 요란하게 나팔을 불어댈 것을 생각하면 약간 소름이 돋지 않는가? 그들은 그토록 엄숙한 사건을 무대 위에서 재연하기 위해 수천 달러의 비용을 쏟아붓고 수십 페이지짜리 대본을 만들지 않겠는가?

복음서 기자들이 그렇게 하지 않은 이유는 간단하다. 그것

4부 진정한 그리스도인으로 살다

은 십자가 사건을 마음으로 강렬하게 느끼고 본능적으로 그것에 대해 몇 개의 단어로 표현했기 때문이다.

이런 관점에서 또 생각해보자면, 우리 주님의 부활을 알린 간결한 표현이 머리에 떠오른다.

"그가 살아나셨고"(He has risen, 막 16:6).

이 말은 사실을 알기 원했던 제자들에게 한 천사가 부활에 대해 '세 단어'로 말해준 것이다(여기서 '세 단어'는 영어 본문의 세 단어이다 - 역자 주). 부활 같은 놀라운 사건을 알리기 위해 달변의 예비적 설명이 필요했던 것은 아니다. 엄청난 일이 일어났다면, 수많은 단어를 동원해서 그것에 대해 이야기할 필요가 없다. 어떤 것이 스스로에 대해 말하기에도 너무 보잘것없을 때에만 많은 말이 필요한 것이다.

공허한 말을 주의하라

대부분의 신앙인은 제대로 된 행위가 없기 때문에 그것을 보상하려고 말을 자꾸 늘리는 잘못을 범해왔고, 아마도 이 글을 쓰고 있는 나 자신이 이런 잘못을 가장 많이 범한 사람일 것이다.

물론, 우리가 이런 잘못을 범해왔다는 사실이 이런 잘못을 앞으로도 계속 범하는 구실로 작용해서는 절대 안 된다. 필요한 것은 자신을 낮추는 겸손한 자세로 이 모든 문제를 직시하고, 잘못을 고치려고 노력하는 것이다.

얄팍한 달변이 가장 어울리지 않는 곳이지만 유감스럽게도 가장 빈번히 등장하는 곳은 바로 기도회이다. 평소에 아주 천천히 말하는 사람도 무릎을 꿇고 기도할 때에는, 특히 옆에 청중이 있을 때에는 신기할 정도로 유창해진다.

나는 기도실에서 아주 현란한 표현을 구사하는 기도 소리를 많이 들어왔고, 솔직히 말해서 나 자신도 그런 기도를 많이 한 것으로 생각된다. 그러나 지혜 없는 말을 계속해야 할 이유는 없다. 설교자이든, 그의 말을 듣는 청중이든 알맹이 없는 공허한 말을 피하는 방법은 하나님의 임재를 의식(意識) 속에서 느끼는 것이다.

성령께서 어떤 사람에게 임하셨을 때 그 사람이 이상할 정도로 유창해지는 경우가 있긴 하다. 영혼의 경외심과 고요함에서 솟구쳐 나오는 능력의 말이 듣는 이들의 마음을 움직여 눈물과 행동을 이끌어낼 수도 있다. 이런 경우의 달변은 내가 이 글에서 지적한 그런 달변과는 다른 것이다.

성령께서 주시는 달변은 많으면 많을수록 좋다. 하지만 그리스도인들의 모임에서 나오는 공허한 말들은 지금보다 팍 줄여도 전혀 문제가 없다.

허세와 교만을 경계하라

성경은 우리에게 부풀어 오르지 말라고 경고하면서, 다만 표현을 바꾸어 "교만해지지 말라"라고 말한다(고전 5:2 참조).

'크기'를 늘리는 데는 두 가지 방법이 있다. 하나는 정상적으로 성장하는 것이고, 다른 하나는 인위적으로 부풀리는 것이다. 전자는 건강을 의미하고, 후자는 질병을 의미한다. 영양공급이 잘 된 아이는 매년 체구가 커지지만, 굶주림 때문에 자라지 못하는 아이는 배만 불룩 나온다. 이것은 죽음이 임박했음을 말해주는 병적인 복부팽창이다.

건강하지 못하게 부풀어 오르는 것을 성장으로 착각할 수 있는 위험성이 영적 영역에도 존재한다. 바울은 이 위험성의 문제를 솔직하게 다루었고, '교만해지는 것'과 '세움을 받는 것'(골 2:7 참조)은 서로 다르다고 지적했다.

우리는 우리가 찾기 원하는 것을 성경이나 삶에서 찾아내는 데 아주 능하다. 자신에 대해 평가할 때 때로는 무의식적으로 '피고 전문 변호사'의 테크닉을 사용한다. 즉, 우리에게 유리한 것은 모두 강조하고 우리를 불리한 입장에 빠뜨릴 모든 것은 축소한다.

나도 내 목회에 대해 깊이 생각하는 중에 종종 내 작은 승리들을 터무니없이 과장하고, 내 실패와 약점들에 대해서는 변명했다는 것을 깨닫곤 한다. 이것은 보고 싶은 것만 보고, 차라리 잊고 싶은 것에 대해서는 눈을 감는 우리의 오래된 수법이다. 이렇게 하면 부풀어 오르게 되는데, 이것을 올바로 진단해서 고치지 않으면 우리의 생활과 일을 완전히 잘못 평가하게 된다.

과대평가는 불안감의 반영이다

부풀어 오르는 것과 불신앙의 관계에 대해서는 앞으로 더 깊이 연구해보아야겠지만, 적어도 확실한 것은 이 두 가지 사이에 서로 연관성이 있다는 것이다. 믿음의 사람은 무시당하고 평판이 나빠지고 과소평가되더라도 추호의 불안감 없이 조용히 참아낼 수 있을 정도로 하나님 앞에서 자신의 지위에 대해 확신이 있다. 미래의 심판에 대한 지혜가 그의 진정한 크기와 가치를 드러내도록 하나님의 선한 때를 끝까지 기다릴 용의가 있다.

그러나 불신앙의 사람은 감히 이렇게 하지 못한다. 확신이 없기 때문에 눈에 보이는 즉각적인 성공의 표시를 원한다. 뿌리 깊은 불신앙 때문에 '현재의 심판'의 도움을 받으려 한다. 자기가 대단한 존재라고 확신시켜줄 증거를 열심히 찾아야 한다. 지금 당장 인정받기를 갈망하기 때문에 자기의 일을 부풀려 크게 보이게 하고 싶은 유혹에 시달린다.

자꾸 밑으로 처지는 믿음을 받쳐줄 외부 요인이 필요하기 때문에 우리는 현대 기독교의 특징이 되어버린 '소잡하기 짝이 없는 쓸데없는 말'로 우리의 신앙 활동을 꽉 채우고 있다. 성과를 올려야 한다는 강박중에 시달리는 교회와 목사는 성공의 환상을 더 깊이 심어주는 것이라면 얼마든지 받아들인다.

이렇게 된 근본 원인은 순전히 불신앙 때문이다. 지금의 신앙인들은 주님이 다시 오셔서 상을 주실 때까지 기다릴 마음이 없다. 지금 당장 상을 원하고, 또 그 상을 얻는다. 하지만 이런 선택에 대해 그리스도의 날에 뼈아픈 후회의 눈물을 흘리게 될 것이다.

마음의 항체를 키우라

이런 마음의 병에 대한 면역력을 키우려면 믿음과 겸손의 마음을 길러야 한다. 이런 마음을 기르는 것이 우리를 부풀려 우쭐하게 하는 도덕적 박테리아를 멸하는 항체(抗體)를 만드는 길이다.

우리에게 믿음이 있다면, 하나님께서 우리를 어떻게 생각하시는지에 대해서만 관심을 가질 것이다. 사람들이 이러쿵저러쿵하는 것은 우호적인 것이든 비판적인 것이든 웃어넘기고, 하나님께서 정하신 길을 온전한 확신 가운데 따라갈 것이다. '인기'와 '명예'라는 쌍둥이 신(神)에게 열광하는 숭배자들은 우리를 불쌍하다는 듯이 흘긋 쳐다보며 지나갈 것이다. 세상 나라에서 자칭 크다는 자, 뛰어난 자, 두각을 나타내는 자들은 우리를 무시하거나, 아랫사람 대하듯 하거나, 어쩌면 그들의 목적을 위해 우리를 키워주려고 할 것이다.

그렇다 할지라도 우리는 오른쪽으로나 왼쪽으로 치우치지 않고 오히려 모든 이들을 높여주고, 모든 이에게 예절을 지키며, 그리스도인 형제들을 사랑하고, 그 누구도 두려워하지 않으며, 하나님께 영광을 돌려야 한다.

허세를 부리지 않고 우리 자신을 있는 그대로 붙들기 위해서는 큰 용기와 독립심이 필요하다. 우리 자신을 있는 그대로 붙들면, 장차 주님을 대할 때 우리의 이 선택을 후회하지 않을 것이다.

우리에게 가장 부족한 것

오늘날의 기독교계를 돌아볼 때 우리는 교회의 한두 가지 약점을 보게 될 것이며, "이것이 교회의 잘못된 점이다. 이것을 고치면 초대교회의 영광과 오순절의 능력을 회복할 것이다"라고 말하고 싶은 충동을 느끼게 될 것이다.

하지만 문제를 지나치게 단순화하는 이런 경향 자체가 하나의 약점이기 때문에 언제나 경계해야 한다. 특히, 현대사회의 종교 문제처럼 복잡한 문제를 다룰 때에는 더욱 그러하다. 현재의 모든 고민거리들을 단 하나의 질병으로 규정하고, 단 한 번의 처방으로 고치겠다는 생각은 순진한 젊은이들에게나 어울리는 사고방식이다. 더 나이 많고 더 지혜로운 지도자들은 더 신중한 태도를 취할 것이다. 진단이 정확하지 않으면 처방이 거의 효과가 없다는 것을 배웠기 때문이다.

문제는 복잡하다. 영적 질병이 단독으로 생기는 경우는 거의 없다. 거의 모든 경우에 있어서, 영적 질병은 다른 영적 질병들에 의해 복잡해진다. 그리고 기독교계 전체로 퍼져나가면서 서로 깊이 얽히기 때문에 단 하나의 치료책을 찾아내는 데에도 솔로몬의 지혜가 필요할 정도이다.

이런 이유로 인해서 나는 현대 기독교의 한 가지 결점을 찾아내 그것을 우리의 모든 문제들의 원인으로 규정하는 데 주저할 수밖에 없다. 소위 '성경을 믿는 기독교'가 오늘날 급속히 쇠퇴하는 현상은 추가적 증거가 필요 없을 만큼 명백한 사실이지만, 어째서 이런 현상이 일어나는지를 규명하는 것은 그렇게 쉽지 않다.

다만 내가 할 수 있는 말은 "나는 대부분의 영적 문제들의 원인일 수도 있는 한 가지 중대한 결핍을 복음주의적 그리스도인들에게서 발견했다"라는 것이다. 나의 이 진단이 옳다면, 이 부족한 것을 채우는 것이 우리에게 가장 중요한 해결책이 될 것이다.

우리에게 부족한 통찰력

내가 지적하고 싶은 이 부족한 것은 특히 기독교 지도자들에게서 나타나는 영적 분별력의 결여이다. 성경에 대한 지식이 그토록 넘치는데, 어째서 그토록 도덕적 통찰력이 부족한가 하는 문제는 현대 기독교의 수수께끼 중 하나이다. 지금처럼 많은 이들이 성경공부에 힘을 쏟았던 때는 교회의 역사 속에 전혀 없었다고 해도 전혀 틀린 말이 아니다.

만일 성경의 교리에 대한 지식이 경건을 보장해준다면 이 시대야 말로 '경건의 시대'로 역사에 기록될 것이다. 그러나 오히려 이 시대는 '교회의 바벨론 포로생활 시대'나 '세속성의 시대'라고 불리는 것이 마땅할 것이다. 자신을 '그리스도의 신부'라고 고백하는 자들이 타락한 '사람의 아들들'의 구애(求愛)에 넘어가는 경우가 허다하기 때문이다. 지난 25년 동안 복음주의적 신자들은 술 취함이나 성적 문란 같은 더욱 조악한 죄 몇 개를 피하는 것에 만족하고, 나머지 부분들에서는 악한 것들에게 철저히 비굴하게 굴복해서 세상으로 넘어가 버렸다.

이런 수치스런 배반이 대낮에 우리의 성경 선생들과 복음전도자들의 동의 아래 일어났다는 것은 세계 영적 역사에 끔찍한 일이 아닐 수 없다. 이런 일이 일어난 이유에 대해 누군가 "우리 조상으로부터 물려받은 믿음을 파괴하겠다고 작심하고 덤벼든 악한 자들의 술수에 우리가 속아 넘어갔기 때문이다"라고 말한다면, 나로서는 이 사람의 말에 동의할 수 없다. 그렇다면 깨끗하게 사는 많은 선한 사람들이 우리를 배반한 자들에게 협조한 것은 무슨 이유 때문인가? 대답은 간단하다. 영적 통찰력이 없었기 때문이다!

안개 같은 것이 "모든 민족의 얼굴을 가린 가리개와 열방 위에 덮인 덮개"(사 25:7)처럼 교회 위에 덮였다. 이런 덮개가 과거에 이스라엘 민족을 덮은 적이 있었다. 이에 대해 사도 바울은 "그러나 그들의 마음이 완고하여 오늘까지도 구약을 읽을 때에 그 수건이 벗겨지지 아니하고 있으니 그 수건은 그리스도 안에서 없어질 것이라 오늘까지 모세의 글을 읽을 때에 수건이 그 마음을 덮었도다"(고후 3:14,15)라고 말한다. 이것은 이스라엘에게 비극이었다. 하나님께서는 교회를 일으키셨고, 그분의 오래 된 백성, 즉 이스라엘의 지위를 일시적으로 박탈하셨다. 그분은 수건에 가려 앞을 보지 못하는 자들에게 그분의 일을 맡기실 수 없었다.

새로운 종교개혁이 필요하다

이스라엘처럼 되지 않으려면, 그리고 하나님을 버린 역사 속의 모든 다른 종교 집단처럼 되지 않으려면, '밝히 보게 해주는 세례'가 우리에게 분명히 필요하다. 지금 가장 필요한 것은 선지자적 통찰력을 가진 기독교 지도자들의 출현이다. 이것이 가장 필요한 것이 아니라면, 적어도 필요한 것들 중 하나이다.

우리에게 절대적으로 필요한 것은 안개를 뚫고 통찰할 수 있는 사람들이다. 이런 사람들이 곧 나타나지 않으면 이 세대에게는 희망이 없다. 그들이 나타난다 해도 틀림없이 우리는 우리의 세속적 정통주의의 이름으로 그들 중 몇몇을 십자가에 못 박을 것이다. 그러나 명심하라. 언제나 십자가는 그 뒤에 일어날 부활의 전조라는 것을!

단순히 전도만 하는 것은 지금 우리에게 필요한 일이 아니다. 전도는 기껏해야 종교를 확장할 뿐이다(그 종교가 어떤 종류의 것이든 간에). 전도는 더욱 많은 사람들이 종교를 받아들이게 만들지만, 그 종교의 질(質)에 대해서는 많이 생각하지 않는다. 현재 널리 퍼져 있는 타락한 기독교를 사도들의 종교로 착각하고, 아무런 문제제기 없이 사람들을 그런 기독교로 개종시키고자 전도하는 데 바쁜 것은 비극이다. 안타깝게도 우리는 신약성경의 본(本)에서 점점 더 멀어지고 있다.

우리에게는 새로운 종교개혁이 필요하다. 무책임하고 오락에 미쳐 있고 이교화(異敎化)되어 있는 가짜 종교와 과감히 결별해야 한다. 오늘날 이런 가짜 종교가 그리스도를 믿는 종교로 오해되고 있으며, 비성경적인 방법들을 통해 자신의 목적을 이루려는 신령하지 못한 사람들에 의해 온 세상으로 퍼져나가고 있다.

로마 가톨릭이 배교했을 때 하나님은 종교개혁을 일으키셨다. 종교개혁이 쇠퇴했을 때 그분은 모라비아 교회(1457년 보헤미아에서 시작된 연합 형제단 교회 - 역자 주)와 웨슬리 형제들을 일으키셨고, 이 운동들이 죽기 시작하자 근본주의와 '더 깊은 삶' 운동(the 'deeper life' movement)을 일으키셨다.

그러나 이것들마저 거의 예외 없이 믿음을 버리고 세상으로 넘어갔으니, 이제 우리는 무엇을 기대해야 하는가?

WE TRAVEL
AN APPOINTED WAY

5

내일을 준비할
기회를 얻다

인생의 가을바람

가을바람이 다시 불고 있다. 가을이 오면 오르간의 음색만큼이나 짙고 다양한 감정들이 우리의 마음에 찾아온다. 봄이 가을보다 더 의욕을 불러일으키고 더 많은 기대감을 심어주는 것은 사실이지만, 봄에게서 찾아볼 수 없는 조용한 힘이 가을에 깃들어 있다. 생각이 깊은 사람들이 가을을 사랑하는 것은 놀랄 만한 일이 아니다.

가을이 오면
나무는 움직임 없이 서 있지만
견과가 떨어지는 소리가 들리고

실개천의 수면이 안개 섞인 햇살로 반짝인다

가을을 알리는 징후들

가을의 도래를 알리는 첫 징후들이 보일 때 농부는 풍요의 꿈으로 가득 찬다. 풍작일까 흉작일까를 고민하지 않는다. 쭉 늘어선 옥수수대, 그 사이에서 살며시 미소 짓고 있는 노란 호박, 높이 쌓인 건초더미, 가득 찬 목초 저장소. 이런 것들은 하나님께서 복된 여름을 허락하심으로 자신의 노고가 보상받았다는 확신을 준다.

1년 중 이맘때 또 볼 수 있는 것은 마음이 싱숭생숭해진 꽤 많은 남자들이 열의에 찬 눈을 들어 들판 너머를 바라보는 모습이다. 그 이유는 곧 사냥철이 돌아오면 발포(發砲) 소리와 사냥개의 으르렁거리는 소리가 산과 목초지에 아름다운 음악처럼 울려 퍼질 것이기 때문이다. 옅은 안개와 작은 가시나무 숲에서 퍼져 나오는 이 부름의 소리가 모든 이에게 들리는 것은 아닐 테지만, 이 소리를 듣게 되는 사람들에게는 굳이 그 의미를 해석해 줄 필요가 없을 것이다.

그들은 야생오리가 이주본능(移住本能)에 반응하듯 이 소리에 반응한다. 처음 며칠 동안은 멍한 상태에 빠지겠지만, 이내 오래 된 사냥 코트를 찾거나 아끼는 총을 닦아서 윤을 내기 시작할 것이며, 그럴 때면 맑은 기름 냄새가 말라가는 나뭇잎 향기에 섞일 것이다.

일부 사람들에게는 가을이 바로 이런 모습으로 다가온다. 이것을 좋지 않다고 말할 사람이 어디 있겠는가? 어쩌면 이것은 지금 같은 세상에 얼마 남지 않은, 때 묻지 않은 것 중 하나일 지도 모른다.

여자들은 남자들만큼 가을을 타지는 않겠지만, 그렇다고 가을의 마법에서 완전히 벗어날 수 있는 것은 아니다. 시골에서는 참나무와 단풍나무가 긴 겨울잠에 들어가기 전에 마지막으로 아름다움을 뽐내며 산천을 온통 붉게 물들일 것이다. 대도시 안에 갇혀 사는 여자들도 공원에 핀 꽃들을 보거나 건물들 사이에 우연히 생긴 작은 공터에서 자연의 경이로움을 약간 맛볼 수 있을지도 모른다.

자연 현상에서 도덕적 교훈을 이끌어내는 것이 익숙하지는 않겠지만, 그래도 하나님의 아름다운 세상과 그 안에 살고 있는 피와 살을 가진 인간이란 종족 사이의 유사점을 눈치채지 못할 사람은 없을 것이다. 모든 인간이 계절의 단계적 변화처럼 인생의 단계들을 거치는 것이 너무 분명하지 않은가?

인생의 가을에서 교훈을 얻다

봄은 온 세상이 무한한 가능성으로 충만한 유년기 및 청년기와 같다(물론, 이 무한한 가능성이 모두 현실로 이루어지는 것은 아니다). 여름은 그 끝을 모를 것 같은 생명이 왕성하게 번식하는 충만한 힘의 계절이다. 수고를 끝내고 한숨 돌리는 가을은 우리의 충만했던 힘이 서서히 우아하게 줄어들며 더욱 긴 휴식에 대비해 우리를 준비시키는 친절한 계절이다. 겨울이 되면 나뭇잎이 떨어져 없어지고, 생명의 마지막 징후마저 사라져버린다. 그렇게 되면 오로지 믿음만이 남고, 믿음은 밝은 내일이 다시 찾아올 것이라고 안심시켜준다.

무엇보다 가을은 그리스도 밖에 있는 사람들에게 '숨겨진 깊은 두려움'을 안겨주는 계절이기도 하다. 왜냐하면 가을은 "여름이 끝났지만 우리는 구원을 얻지 못했다"라고 말하게 될 수도 있는 '임박한 종말'을 암시하기 때문이다. 가을바람이 잃어버린 영혼에게 인생의 짧음과 그 후의 긴 겨울에 대해 설교해줄 수 있다면 참 좋겠다!

참된 그리스도인은 겨울의 도래를 알리는 가을바람 때문에 슬퍼하지 않는다. 지혜로운 개미처럼 준비를 마쳤기 때문이다. 하늘의 일주(一周)가 모세와 선지자들의 모든 예언의 완성을 향해 계속 나아갈 때, 그리스도인은 머리 위에서 큰 소리를 내며 몰아치는 거센 폭풍에도 불구하고 그리스도 안에서 단잠을 잘 것이다.

오, 복 있나니! 아무 문제가 없다는 걸 아는 자여! 오, 복 있나니! 긴 밤이 지난 후 예수님의 숨결이 죽음의 잠을 자고 있는 자들을 봄의 미풍처럼 어루만져 깨우는 그 날에 자기가 '저 복된 자들'과 함께 있게 될 것임을 아는 자여!

겸손은 언제나 통한다

하늘나라에서는 종종 약한 것들이 강해지고 강한 것들이 무용지물로 드러난다. 하나님은 사람들이 보는 것처럼 보시지 않기 때문이다. 지극히 높으신 하나님, 즉 천지의 창조자께서는 사람들이 높이 평가하는 것들을 비웃으실 수 있다.

아담의 나라에서 그토록 높이 평가되는 육신적 용기가 그리스도인들에게는 지속적인 굴욕적 패배의 직접적 원인이 될 수도 있다. 하나님은 그분의 영적 목적을 이루기 위해 육신적 수단을 사용하셔야 할 필요가 없다. 인간적으로 강하고 담대한 성격 때문에 경쟁에서 앞서고, 최고의 직업을 얻고, 적(敵)을 제압하는 경우들이 있다. 하지만 이런 성격이 오히려 성령의 생명 안에서 전진하기 위한 모든 노력에 찬물을 끼얹을 수도 있다. 지금도 하나님은 인간적으로 약한 사람들에게 담대함을 주시며, 교만한 자들은 멀리서도 알아보신다.

우리는 적에게 정면으로 달려들어 직접적으로 공격해 이기겠다는 본능을 아담으로부터 물려받았다. 그러나 여러 번에 걸친 충격적 실패를 맛본 사람은 이런 방법이 영적 세계에서는 승리의 방법이 아니라는 것을 깨닫게 된다. 대개의 경우 육신적 방법을 사용해도 적은 우리에게서 훨씬 더 멀어지고, 그중 가장 나쁜 것은 하나님이 우리를 도우실 수 없는 상황이 벌어지고 만다는 것이다.

적은 겸손한 사람을 상대할 때 오히려 종종 그의 한계를 드러낸다. 평소에 교만하고 완고한 사람을 다루는 데 너무 익숙해져 있었기 때문에 어쩌다 온유한 사람을 만나면 난감해 한다. 더욱이 하나님은 진정으로 겸손한 사람의 편에 서서 싸우신다. 그분이 함께 싸워주신다면, 누가 그와 싸워 이길 수 있겠는가?

이상한 소리로 들리겠지만, 먼저 우리가 주님께 완전히 무릎 꿇어야 비로소 우리의 적이 우리에게 무릎 꿇는 경우들이 있다. 종종 하나님은 우리를 정복하심으로써 우리의 적을 정복하신다. 에서를 정복하시기 전날 밤, 하나님은 먼저 얍복 강가에서 야곱을 정복하셨다. 사실 에서를 굴복시키는 일은 그의 동생 야곱 안에서 일어났다.

  이와 같은 일들은 종종 일어난다. 우리가 치명적인 적을 상대해야 한다는 것을 미리 내다보시는 하나님이 우리에게 승리를 주시는 방법은 우리가 그분의 발 앞에 겸손히 무릎 꿇게 하시는 것이다. 이 방법이 성공하면 그 다음부터는 모든 것이 쉬워진다. 우리가 그분 앞에 무릎을 꿇으면 그분이 우리를 위해 싸우실 수 있게 되고, 그럴 경우 그 싸움의 결과가 어떻게 될 것인지는 이미 영원 전부터 결정되어 있기 때문이다.

남을 탓하는 것은 사치이다

평생의 관찰과 성경을 읽고 기도하면서 얻은 결론은 "그리스도인의 진보를 방해하는 유일한 존재는 그리스도인 자신이다"라는 것이다.

하나님의 진정한 자녀는 그리스도인의 삶과 성장에 완전히 비우호적인 상황에 처한다 해도 얼마든지 살아가고 성장할 수 있다. 외부적 환경은 그리스도인의 영적 삶에 전혀, 또는 거의 도움을 주지 못한다. 이것은 영적인 길이 어떤 것인지를 정확히 아는 사람이라면 누구라도 믿지 않을 수 없는 것이다.

이런 점을 생각할 때, 자신의 영적 실패나 도덕적 실패에 대해 다른 어떤 것이나 어떤 사람을 탓하는 것은 언제나 잘못된 것이라고 말하지 않을 수 없다. 하나님의 자녀들이 사막의 한복판에서도 얼마든지 비옥한 땅에 있는 것처럼 성공적으로 성장할 수 있는 것이 하나님의 정하신 이치이다. 그들은 어려운 환경을 이기고 성장해야 한다. 본래 이 타락한 세상에서는 기적 같은 일이 일어나지 않으면 선한 것이 생길 수 없기 때문이다.

어떤 옛날 찬송가에는 "이 악한 세상이 '은혜의 친구'인가요? 우리를 도와 하나님께 나아가게 하나요?"라는 수사의문문이 나온다. 물론 이 의문문에는 "그렇지 않지요"라는 대답이 이미 포함되어 있다. 은혜는 세상의 도움 없이 일한다.

인간이 자기의 영적 사고(思考) 안에 하나님 이외의 다른 요소를 허락하지 않고, 또 그분을 향해 올바른 태도를 갖겠다고 마음먹는다면, 현재 그의 삶이 아무리 비뚤어져 있다 해도 그에게는 소망이 있다. 하나님과 나! 이것은 개인 신앙의 처음이요 끝이다. 믿음은 그분과 나 사이의 거룩한 관계 안에 제3자가 있거나 있을 수 있다고 인정하지 않는다.

사람의 태도는 매우 중요하다. 우리의 영혼이 하나님을 향해 믿음과 사랑의 태도를 굳게 견지하면, 그 이후의 모든 것에 대해서는 그분이 책임지실 것이고 그분의 약속들을 이루어주실 것이다.

그리스도인이 아무리 고립된 곳에 산다 해도 하나님이 그를 그곳에 보내셨다면 이 세상 어디에서든 영적으로 승리하지 않을 수 없다. 그곳에 갈 때 그는 자기의 영적 환경을 스스로 지니고 가거나, 그가 그곳에 도착할 때 하나님께서 그것을 초자연적으로 공급해주시기 때문이다. 그의 영적 건강이 그 지역의 도덕적 기준이나 유행하는 종교적 신념에 의존하지 않기에 세상이 천 번 변한다 해도 거기에 전혀 영향을 받지 않고 버터낼 수 있다. 하나님이 위로부터 그에게 공급해주시기 때문에 사실상 그는 '세상 안에 있는 하나의 세상'이며, 피조세계에서 기적 같은 존재로 여겨진다.

이런 점을 깨닫게 되면 우리의 영적 실패에 대해 다른 이들을 탓해서는 안 된다는 걸 쉽게 이해할 수 있다. 우리의 형편없는 영적 성과를 비우호적인 상황 탓으로 돌림으로 값싼 위로를 얻으려는 습관은 파괴적인 악이며, 단 한 순간도 용납되어서는 안 된다. 우리의 내면적 연약함이 외부적 상황 때문이라고 믿으며 평생을 살았는데, 마지막에서야 문제의 원인이 자신에게 있었음을 깨닫게 된다면 어떻게 되겠는가? 그런 일은 생각만 해도 끔찍하다!

만 명의 원수가 그리스도인에게 달려든다 해도 그가 하나님을 온전히 신뢰하며 그들에게 맞선다면 그들은 그를 정지시킬 수 없고, 심지어 그의 전진 속도를 늦출 수도 없다. 그들은 비행기에 저항하는 대기와 같은 역할을 할 뿐이다. 대기의 저항을 어떻게 이용해야 할지를 아는 비행기 설계자의 지식 때문에 대기는 비행기를 하늘 높이 들어올려 3천 킬로미터의 비행을 가능하게 한다. 비행기의 적이 될 수 있었던 대기가 오히려 비행기의 갈 길을 도와주는 충실한 종이 되는 것이다.

가장 중요한 것은 우리의 패배에 대해 다른 어떤 것이나 다른 어떤 사람을 비난해서는 안 된다는 것이다. 원수들의 의도가 아무리 악하다 할지라도, 우리의 불신앙을 그들 탓으로 돌리지 않는 한 그들은 결코 우리를 해할 수 없다. 하지만 우리가 그들을 낯하기 시삭하던 그들은 강한 존새로 변해 우리에게 해악을 끼치게 된다. 그럴 경우 잘못은 그들이 아닌 우리에게 있다.

이 말이 이론적으로만 그럴 듯하게 들린다면, 가장 위대한 그리스도인들이 언제나 어려운 시대와 역경에서 탄생했다는 것을 기억하라. 실제로 환난은 그들이 영적 완전함에 이르도록 도움을 주었다. 그들에게 '자신을 의지하지 말고 죽은 자들을 일으키시는 주님을 의지하라'는 교훈을 가르쳐주었기 때문이다. 그들은 자신이 육신의 충동에 굴복해 불평하기 전에는 원수가 그들의 전진을 막을 수 없다는 것을 깨달았다. 그리고 불평을 멈추고 찬양을 시작하는 법을 천천히 배워나갔다. 승리의 비결은 이토록 간단하면서도 아주 효과가 좋다!

사랑은 의지요 의도이다

이 무력하고 타락한 세대가 만들어놓은 죄 없는 희생자들 중에서 '사랑'만큼 순수하고 아름다운 것은 없다. 여러 가지 형태로 사용되는 '신'(神)이라는 단어 다음으로 아름다운 단어를 찾는다면 그것은 '사랑'이다.

그러나 주저 없이 말할 수 있는 것은, 이 아름다운 단어가 친구들의 집에서 너무나 고초를 겪었기 때문에 이제는 거의 알아볼 수 없는 지경에 이르렀다는 것이다. 대부분의 인류에게 사랑이라는 말은 그 신성한 의미를 잃어버렸다. 소설가, 극작가, 정신분석가, 그리고 사랑을 노래하는 유행가 작가들이 이 아름다운 것을 너무 오랫동안 남용했다. 이들이 더러운 돈벌

이를 위해 사랑을 인간 마음의 하수구로 질질 끌고 다니는 바람에, 이제 사랑은 세상이 보기에 지저분하고 퉁퉁 부은 매춘부에 불과하다. 사랑을 존중하는 사람은 아무도 없다. 사랑을 언급해보았자 사람들은 윙크로 받아넘기거나 당혹감과 멍청함이 섞인 가식적인 웃음을 지을 뿐이다.

사랑의 개념에 담긴 신성한 알맹이를 잃어버린 현대인에게 남은 것은 우리가 예상할 수 있는 바로 그것, 매력 없고 생기 없고 재미없는 무례한 여자이다! 현대인들이 이 여자에게 구애하려고 밤낮으로 시도 때도 없이 노래를 불러대지만, 침팬지도 그 노래를 듣고 얼굴을 붉힐 뿐이다.

문명사회의 사람들이 사랑을 오직 섹스와 연결시키고, 이런 잘못을 성적 욕구에 따라 수단방법 가리지 않고 확신시켰기 때문에 오늘날의 비극적 타락이 생겨난 것이다. 오늘날 수백만의 젊은이들은 할리우드의 부끄럽고 난잡한 프리섹스(free sex)의 관점에서만 사랑을 이해한다.

지금 신문들은 결혼을 여러 번 하는 영화계 사람들의 결혼 횟수까지 보도한다. "이것은 그녀의 세 번째 결혼이다" 또는 "이번에 그는 네 번째로 결혼한 것이다"라는 식으로 말이다. 유명 여배우가 언론과의 인터뷰에서 대중을 상대로 "지금 현재는 사랑에 빠져 있지 않아요"라고 거침없이 이야기하는 것을 들을 수 있는데, 이런 일이 이 여배우와 관계 있는 모든 사람에게 비극이라고까지 말할 수는 없을지라도 정말로 웃기는 일이 아닐 수 없다! 사랑이라는 말을 이런 식으로 사용하는 것은 완전히 저급한 것이며, 하나님의 형상으로 지음 받은 사람의 냄새보다는 짐승의 냄새를 더 풍긴다.

수백만의 사람들에게 이제 사랑은 감정적 이끌림에 불과하며, '판 번개'(sheet lightning, 번갯불이 하늘이나 구름에 반사되어 하늘 전체가 환하게 밝아지는 현상 - 역자 주)만큼이나 불안정하고 예측불가하다.

이와 반대로 성경은 진정한 사랑이 자애로운 원리이며 우리 의지의 통제 아래 있다고 교훈한다. 만일 사랑이 단지 감정이라면 어떻게 하나님이 우리에게 그분을 사랑하고 또 이웃을 사랑하라고 명령하실 수 있겠는가? '사랑에 빠지다'라는 것이 '갑자기 감전(感電)되거나 발작적으로 기침하듯 사로잡히는 것'을 의미한다면, 누군가의 명령에 의해 사랑에 빠지는 것은 불가능한 일이 된다.

마이스터 에크하르트에 의하면 "사랑은 의지요 의도이다". 사랑을 이렇게 정의한다면, '이웃을 사랑하라'라는 하나님의 명령에 순종하는 것이 가능해진다. 어떤 이웃을 향한 감정의 폭풍이 일어나기를 천 년 동안 기다려도 그것이 생기지 않을 수 있지만, 하나님 앞에 나아가 그들을 사랑하겠다고 진지하게 결심하는 것은 가능하다. 그런 결심을 한 뒤에는 사랑이 생길 것이다. 우리가 기도하고 하나님의 능력이 우리 안에서 일하면, 우리 삶의 모든 날 동안 이웃의 불행이 아니라 행복을 바라는 마음을 가질 수 있다.

이것이 사랑이다. 감정이 뒤따를 수도 있고 이웃을 향한 감정에 주목할 만한 변화가 전혀 생기지 않을 수도 있지만, 언제나 중요한 것은 우리의 의도이다. 우리는 그의 평안과 형통을 바라면 되고, 그를 위해 목숨까지 내놓을 수 있을 만큼 가능한 모든 방법으로 그를 돕겠다는 태도를 보이면 된다.

그러므로 사랑은 선한 의지의 문제이며, 대부분 우리 통제력의 범위 안에 있다. 우리는 사랑에 부채질을 해서 활활 타오르게 만들 수 있다는 것을 부인해서는 안 된다. 우리를 향한 하나님의 사랑에 강렬한 감정이 담겨 있는 것은 분명한 사실이지만, 그 사랑의 밑바닥에 있는 원리는 우리의 평안을 바라시는 변치 않는 그분의 의지이다. 인류를 향한 하나님의 사랑을 가장 아름답게 표현한 것은 그리스도의 탄생 때 들린 천사들의 찬송이 아닐까.

"지극히 높은 곳에서는 하나님께 영광이요 땅에서는 하나님이 기뻐하신 사람들 중에 평화로다"(눅 2:14).

거룩한 사람, 거룩한 행위

R. W. 에머슨(1803~1882, 미국의 사상가 및 시인)은 그의 수필에서 "사회는 '우리의 인간으로서의 본질'을 간과하고, 그 대신 '우리가 하는 일'을 우리 자신이라고 믿는 경향이 있다"라고 꼬집었다. 그의 주장에 의하면, 농부나 목수나 화가는 없고 농사짓는 사람, 목수의 일을 하는 사람 그리고 그림 그리는 사람이 있을 뿐이다.

에머슨의 예리한 구분은 매우 중요하다. 인간에게 있어서 가장 중요한 것은 그가 무엇을 하느냐 또는 무엇을 가지고 있느냐가 아니라 그가 어떤 존재이냐 하는 것이기 때문이다. 무엇보다도 인간은 인간이어야 한다. 즉, 이 땅에서 자유로운 인간이어야 한다. 그의 근본적 인간성이 요구하는 것이라면 무엇이든지 할 수 있는 자유로운 인간이어야 한다. 도덕적 비정상이요 인간 마음의 병이라고 할 수 있는 죄를 제외한다면, 인간이 행하는 모든 것은 하나님께서 보시기에 선하고 자연스럽고 기쁜 것이다.

하나님의 형상으로 지음 받은 인간

인간은 하나님의 형상으로 지음 받았는데, 바로 이 형상 때문에 그가 인간으로서 높은 영예를 얻었고 유일무이한 존재로 구별되었다. 그가 농부, 목수, 광부 또는 사무원으로서 하는 일, 즉 그의 직업은 본질적인 것이 아니라 우연히 갖게 된 것이다. 무엇을 생계 수단으로 삼든 간에 그는 언제나 인간, 즉 하나님의 특별한 피조물이다.

인간의 본성 안에 죄가 없다고 가정한다면, 도시의 거리나 혼잡한 고속도로의 한복판에서 흔히 볼 수 있는 것, 즉 '공사 중'(Men at Work)이라고 적힌 표지판보다 더 거룩한 표지판은 없을 것이다. 그들이 무엇을 하고 있든 간에 중요한 것은 그들이 '인간'이라는 것이다.

성경에는 "그를 잠시 동안 천사보다 못하게 하시며"(히 2:7)

라는 말이 나온다. 인간의 본질적 인간성이 그가 하는 일 때문에 바뀌는 것은 결코 아니다. 그의 일은 그를 높여줄 수도 없고 그를 끌어내릴 수도 없다. 그러나 일이 인간에 의해 고상하게 될 수는 있다. 하나님의 형상으로 창조된 인간이 그 일을 하기 때문이다.

왕자가 무심코 어떤 지역의 들판을 가로질러 걸어갔다면, 그 지역의 사람들에게는 그 길이 새로운 의미를 갖는 아름다운 길로 재탄생할 것이다. 천 마리의 소가 그 길을 걸었어도 아무 의미가 없었지만, 이제 그 길은 왕 같은 길이 된 것이다. 소들이 다니는 보잘것없는 길은 왕자의 품격을 끌어내리지 못했고, 오히려 그가 그 길의 품격을 높였다. 이 예화는 사람들이 세상의 일들을 어떻게 보는지를 잘 보여주며, 더 높은 진리에 대한 우리의 이해를 돕는다.

마이스터 에크하르트는 그 시대의 성직자들에게 "당신의 천직이 당신을 거룩하게 만들 수는 없지만 당신이 그것을 거룩하게 만들 수는 있다"라고 말했다. 직업이 아무리 보잘것없다 해도 거룩한 사람은 그것을 거룩한 일로 만들 수 있다. 성직자로 부름 받았다고 해서 거룩해지는 것은 아니다. 목사가 된다고 해서 자동적으로 거룩해지는 것은 아니기 때문이다. 직업이 아닌 어떤 다른 방법으로 이미 거룩하게 된 사람이 맡는 것이 성직이다.

그러므로 올바른 순서를 정리해서 말할 것 같으면 이렇다. 하나님은 보혈과 불과 혹독한 연단을 통해 사람을 거룩하게 만드신다. 그리고 그런 과정을 통해 거룩하게 된 사람을 특별한 일을 위해 부르신다. 그리고 거룩하게 되어 부름 받은 그 사람은 그의 일을 거룩하게 만든다.

이 진리가 《미지(未知)의 구름》의 익명의 저자에 의해 그의 독자들 앞에 아주 준엄하게 제시된다.

"이 불쌍한 사람아, 조심하게. … 당신의 천직이 가치 있는 일이라고 해서 당신이 그만큼 더 거룩하거나 그만큼 더 좋아졌다고 착각하지 말게. … 지혜의 말씀과 은혜를 통해 당신의 천직에 합당한 아름다운 삶을 살지 못하면 오히려 그만큼 더 비참해지고 그만큼 더 저주 받는다는 것을 잊지 말게."

행함보다 존재가 중요하다

내가 이 글에서 말하고 싶은 모든 것을 압축해서 표현하라면, "선한 행위들이 사람을 선하게 만들지는 못하지만, 선한 사람이 행하는 모든 것은 선하다. 그가 선하기 때문이다"라고 말하고 싶다. 거룩한 행위가 거룩한 이유는 그 행위의 본질 때문이 아니라 거룩한 사람이 그것을 행하기 때문이다. 성경은 "좋은 나무마다 아름다운 열매를 맺고 … 좋은 나무가 나쁜 열매를 맺을 수 없고"(마 7:17,18)라고 가르친다.

모든 인간은 모든 죄에서 온전히 씻김을 받고 하나님의 모든 뜻에 온전히 복종하고 성령으로 충만하도록 힘써야 한다. 그가 어떤 사람인지를 말해주는 것은 '그가 하는 일'이 아니라 '그의 존재'이다. 그는 먼저 하나님의 사람이 되고, 그 다음에 그 밖의 어떤 것이 된다. 그리하여 그림을 그리는 하나님의 사람, 석탄을 캐는 하나님의 사람, 농사짓는 하나님의 사람, 설교하는 하나님의 사람, 기업을 경영하는 하나님의 사람이 탄생하게 된다. 물론, 여기서 공통적인 것은 '하나님의 사람'이다. 그가 하는 일의 본질이 아니라 그가 하나님의 사람이라는 사실이 그의 행위의 본질을 결정하게 된다.

수동태에서 능동태로

이 글을 읽는 독자의 대부분은 영문법에서 능동태와 수동태의 차이를 이해하기 위해 어릴 적에 고민을 좀 했던 기억이 있을 것이다(일부 사람들은 이 기억과 더불어 그 시절에 대한 향수가 약간 되살아날 지도 모르겠다). 그리고 능동태는 주어가 어떤 행동을 하는 것이고 수동태는 주어가 그 행동을 당하는 것이라는 점을 마침내 깨닫게 되었을 때가 기억날 것이다. 쉽게 말해서, "나는 사랑한다"는 능동태이고 "나는 사랑받는다"는 수동태이다.

능동과 수동의 이런 구별을 잘 보여주는 또 한 가지 좋은 예는 가장 가까운 곳에 있는 영안실에서 발견된다. 거기에서

장의사는 능동이고 죽어 누워 있는 사람은 수동이다. 한쪽은 어떤 행동을 하고 다른 쪽은 그 행동의 대상이 된다.

영안실에서는 정상인 것이 교회에서는 완전히 비정상이 될 수도 있는데, 내가 지적하려는 이 경우는 정말로 비정상이다. 우리는 이런저런 과정을 통해 거의 모든 교회의 신앙을 수동적인 상태에 빠뜨리고 말았다. 교회에서 소수의 교역자들은 행동을 하지만, 나머지 신앙인 전체는 그 행동을 수동적으로 받는 데 만족하고 만다. 즉 목사는 마치 장의사처럼 그의 직업적 활동을 수행하고, 교인들은 느긋한 자세로 목사의 직업적 봉사를 즐긴다.

이런 일이 벌어지게 된 한 가지 이유는 교역자들이 말씀 선포의 진정한 목적을 이해하지 못했기 때문이다. 설교자는 단지 가르치기만 하면 된다는 생각이 은연중에 퍼져 있다. 그러나 설교자는 청중에게서 도덕적 행동을 이끌어내겠다는 목적을 갖고 설교해야 한다. 설교의 교훈에 대한 도덕적 반응이 없다면 청중은 단지 수동적 상태에 머무는 것이고, 이는 죽은 것이나 마찬가지이다. 어떤 의미에서는, 이미 죽은 것이다.

나는 여기서 도덕적 행동과 단순한 종교적 활동을 구별해서 말하고 싶다. 현실을 말할 것 같으면, 지금 종교적 활동은 너무 넘치고 있지만 사실 종교의 표면만을 휘젓고 만다. 다람쥐 쳇바퀴 돌듯이 끝없이 돌아가는 종교적 활동은 교회에서 아주 많은 일이 이루어지고 있다는 느낌을 주지만, 그 속을 들여다보면 정말 중요한 일은 일어나지 않고 있으며 진정한 영적 진보도 이루어지지 않고 있다. 우리는 이런 잘못된 것을 버려야 한다.

내가 말하는 도덕적 행동이라는 것은 기독교의 메시지에 자발적으로 반응하는 것을 의미한다. 이것은 단순히 그리스도를 우리의 구주로 영접하는 것만을 의미하지 않고, 거기서 한 걸음 더 나아가 예수님의 주권 교리에 함축된 의무를 수행하는 것까지 포함한다. 우리는 복음을 단지 '좋은 소식'으로만 보는 불충분한 개념을 버리고, 그리스도의 십자가를 핵심으로 삼는 기독교 메시지에 담긴 의미를 모두 받아들여야 한다. 그리스도를 믿는 믿음으로 구원 얻는다는 메시지를 전하는 사람은 "온전한 순종 가운데 삶을 하나님께 드려야 합니다"라는 조건도 함께 전해야 한다는 것을 교회가 다시 깨달아야 한다.

이런 온전한 복음에 미치지 못하는 것은 우리의 신앙을 '수동태 신앙'으로 변질시킨다. 진리를 듣기만 하고 그것에 반응하지 않는 수동태 신앙으로 평생을 살면 의지가 마비되고, 마음은 기름이 덕지덕지 껴서 약해진다.

성경의 교훈들은 삶 전체에서 도덕적이고 영적 변화가 일어나게 하는 것을 목적으로 삼는다. 이 목적이 실패한다면 신앙을 위한 모든 노력이 헛된 것이 될 수 있다.

오늘, 내일을 준비할 기회

존 밀턴은 "희망은 사람의 마음에서 샘솟는다"라고 말했다. 인류의 마음에서 희망이 사라지면 삶의 무게를 오래 견딜 수 없다고 말할 수 있을 만큼 희망은 절대적으로 필요한 것이다.

그런데 이토록 중요한 희망의 근거가 헛된 것이라면, 그 희망은 위험하다. 한 가지 예를 들자면, 이 땅에서의 장수를 꿈꾸는 희망은 거의 모든 이들이 마음에 품는 것이지만 많은 이들에게 있어서 위험한 덫, 즉 치명적 환상이 될 수도 있다.

사람들은 대개 미래에 대해 생각할 때 이성(理性)을 일시적으로 중지시키고, 불합리한 희망에 의지하며, 평안한 날들이 무수히 남아 있다는 기대감을 스스로에게 주입한다. 이런 비

이성적이고 낙관적인 사고가 무너지는 때는 '마지막 날'이다. 모든 이에게 불가피하게 임하는 이 날은 그것의 희생자를 배신해서 빠져나올 수 없는 구덩이에 던져 넣을 것이다.

그 날은 멀지 않다

근거 없는 희망의 위험성은 그리스도인들도 위협한다. 야고보는 그의 시대의 신자들이 주제넘게도 이 땅에서의 미래에 대해 아무 근거 없이 낙관한다고 호되게 꾸짖었다.

"들으라 너희 중에 말하기를 오늘이나 내일이나 우리가 어떤 도시에 가서 거기서 일 년을 머물며 장사하여 이익을 보리라 하는 자들아 내일 일을 너희가 알지 못하는도다 너희 생명이 무엇이냐 너희는 잠깐 보이다가 없어지는 안개니라 너희가 도리어 말하기를 주의 뜻이면 우리가 살기도 하고 이것이나 저것을 하리라 할 것이거늘 이제도 너희가 허탄한 자랑을 하니 그러한 자랑은 다 악한 것이라"(약 4:13-16).

이 땅의 날들이 무수히 남아 있다는 헛된 꿈을 버리고 그 날들이 실제로는 많지 않을 수도 있다는 냉정한 현실을 직시하는 것이 지혜롭지 않겠는가?

참된 교회는 그리스도께서 언제라도 임하실 수 있다는 가능성을 알고 있다. 그런데 선하고 진지한 일부 그리스도인들은 그분의 재림을 단지 가능성으로만 보지 않는다. 그들은 이 땅이 오래 되었고, 심판이 가까이 왔다고 믿으며, 거룩한 선지자들의 음성을 듣기 때문이다.

그분은 1초의 사전통보도 없이 다시 오실 것이다. 이 땅에 다시 오신 그분이 헐레벌떡 '막판의 필사적 준비'를 할 수 있는 한 시간이나 하루의 추가 시간을 우리에게 주시는 것은 아니다.

"너희는 스스로 조심하라 그렇지 않으면 방탕함과 술취함과 생활의 염려로 마음이 둔하여지고 뜻밖에 그 날이 덫과 같이 너희에게 임하리라 이 날은 온 지구상에 거하는 모든 사람에게 임하리라 이러므로 너희는 장차 올 이 모든 일을 능히 피하고 인자 앞에 서도록 항상 기도하며 깨어 있으리 하시니라"(눅 21:34-36).

우리는 이처럼 경건한 사람들이 마음에 품고 있는 선지자적 기대감뿐만 아니라 또 다른 것을 생각해야 한다. 그것은 '죽음'이라는 불가피한 사실이다. 세상을 떠난 그리스도인들에 대해 사도 바울은 "어떤 사람은 잠들었으며"(고전 15:6)라는 표현을 사용했다. 잠자는 성도들의 무리가 얼마나 많은가!

앞으로도 그 무리의 수는 더 늘어날 것이다. "나는 올해가 다 가기 전에는 그 무리에 합류하지 않을 것이다"라고 단언할 수 있는 사람은 우리 중 아무도 없다.

오늘을 선용하는 지혜

'하루'라는 시간 동안 무슨 일이 일어날지 모르는 것이 인생이므로 오늘이 마지막 날이라고 생각하고 사는 것이 지혜가 아니겠는가? 미래의 언젠가 우리는 '내가 그때 그런 준비를 했더라면' 하고 후회하게 될 지도 모른다. 그렇다! 바로 그런 준비를 지금하자! 미래의 언젠가 '과거에 그 일을 처리했더라면'이라고 안타까워할 것 같은 일이 생각나는가? 바로 지금 그 일을 처리하자. 미래의 어느 날 '그때 내가 남에게 베풀었더라면 얼마나 좋았을까'라고 후회하지 말고, 아직 시간이 우리 편인 지금 베풀자!

모든 것이 드러날 '저 큰 날'에는 기쁨 말고 다른 감정들도 있을 것이다. 슬픔, 충격, 자책 그리고 환멸 같은 것 말이다. 하지만 현재 우리가 갖고 있는 진리의 지식을, 우리의 길 옆에 놓여 있는 기회들을, 성경에서 마치 다이아몬드 원석(原石)처럼 돌출되어 있는 약속들을 선용하기만 한다면 당신과 나는 이런 부정적 감정들을 피할 수 있을 것이다.

'어제'라는 시간이 부끄러운 실패, 기도하지 않음, 그리고 신앙적 침체로 얼룩져 있다 할지라도 '오늘'은 달라질 수 있다. 그리고 이 땅에서 '내일'이라는 시간이 허락된다면 그 내일도 정결함과 능력과 열매 맺는 아름다운 섬김으로 충만해질 수 있다.

중요한 것은 거짓 희망의 위로에 속아 넘어가 잠에 빠지는 잘못을 범하지 않는 것이다. 우리에게 임하지도 않을 복된 미래에 대한 단꿈에 빠져 현재의 시간을 낭비하는 어리석음을 범하지 않는 것이다.

정말 중요한 것은 미래의 어떤 가능성에 대해 대비함으로 '오늘'이라는 시간을 선용하는 것이다. 그렇게 하는 사람은 세상에 남아 있든, 세상을 떠나게 되든, 어두운 인생길을 계속 힘겹게 걸어가든, 자리에서 일어나 재림의 주님을 맞이하든, 모든 것이 잘 될 것이다.

다시 돌이키라

미국의 역사를 다 뒤져도 지금만큼 신앙적 활동이 넘쳤던 때는 없었다고 말해도 결코 과언이 아닐 것이다. 하지만 지금만큼 영성이 저조했던 때도 결코 없었다고 말할 수 있다.

우리의 경건과 종교적 활동이 항상 일치하는 것은 아니다. 이 사실을 확인하기 위해 굳이 다른 것을 볼 필요까지도 없다. 그저 현재의 종교적 상황을 눈여겨보기만 하면 된다. 오늘날 우리에게 영혼 구원을 위한 노력이 부족한 것은 결코 아니지만, 그런 노력을 하는 사람 중 많은 이가 '경건으로 이끌지 못하는 기독교'를 파는 외판원과 다를 바 없다는 인상을 풍긴다.

이 말이 너무 야박한 평가인 것 같아서 놀랍다면 이런 간단한 실험을 해보라고 권하고 싶다. 무릎을 꿇고 경건한 마음으로 예수님의 산상설교를 읽어보라! 산상설교의 말씀에 완전히 몰입하라. 그것이 주는 영적 감동에 젖어보라. 그 교훈을 몸소 실천하면 어떤 사람으로 변화될 것인지를 상상해보라. 그리고 이런 상상이 그려주는 그리스도인과 기계적으로 돌아가는 현대 기독교의 전도 시스템이 찍어내는 새 신자를 비교해보라. 이 두 존재의 행위와 마음이 너무 다르다는 것을 느끼게 될 것이다.

산상설교는 그리스도인이 어떤 사람이 되어야 하는지를 정확히 말해준다. 그렇다면 그리스도를 영접했다고 하면서도 그분의 산상설교에 묘사된 그리스도인의 도덕적·영적 특징을 단 하나도 보여주지 않는 많은 사람들에 대해 우리는 어떤 결론을 내려야 할까?

마음이 여린 친구들은 이런 말에 반박할 것이 분명하다. 이는 경험이 우리에게 이미 충분히 가르준 바이다.

"우리가 누구이기에 남을 판단하는가? 우리는 그래도 믿음을 고백하는 그리스도인들을 주께 맡기고 우리 자신부터 살펴야 한다. 더욱이 그들이 보이는 작은 선행에 마땅히 기뻐해야 한다. 흠을 잡아 그들의 선행을 훼손하는 말을 해서는 안 된다."

이런 말이 그럴 듯하게 들리지만, 사실 이것은 그리스도의 온 교회가 도덕적으로나 영적으로 악화되어도 경고의 소리를 내거나 도움의 손길을 뻗지 말고 태평하게 뒷짐 지고 있겠다는 종교적 자유방임주의에서 나온 말에 지나지 않는다.

선지자들에게서는 이런 수수방관적인 태도를 볼 수 없었다. 그리스도에게서도, 그분의 사도들에게서도, 종교개혁가들에게서도 볼 수 없었다. 하늘이 열리는 것을 보고 하나님의 환상을 본 사람이라면 결코 이런 태도를 취하지 않을 것이다.

엘리야가 입을 다물고 가만히 있었다면 아주 편하게 살았을 것이고, 세례 요한이 침묵을 지켰다면 참수형을 당하지 않았을 것이다. 모든 순교자들이 자유방임주의를 내세웠다면 천수를 누린 후 침대에서 편하게 죽었을 것이다. 그러나 만일 그들이 그렇게 했다면 그것은 하나님께 불순종한 것이 되며, 결국 그리스도의 날에 임할 준엄한 심판을 자초하는 일이 될 것이다.

오늘날 깊은 영성을 볼 수 없는 것은 정말 불길한 징조이다. 지금의 교회는 온유, 절제, 겸손, 침착함, 순종, 주제넘게 나서지 않음, 인내심 같은 균형 잡힌 미덕을 거의 경멸하고 있다. 사람들의 입맛에 맞는 종교로 변신하고자 종교가 세상의 풍조에 야합했기에 많은 종교 활동들에서 교만, 과시, 주제넘게 나서기, 자랑하며 떠벌리기, 탐욕, 하찮은 쾌락의 추구 같은 것들의 악취가 풍긴다.

우리는 이 모든 것에 대해 심각하게 생각해야 한다. 우리 모두에게는 시간이 얼마 남지 않았다. 해야 할 일은 빨리 처리해야 한다. 게으름을 피우며 수수방관할 권리가 우리에게는 없다. 농장 관리를 게을리 하는 농부는 머지않아 농장을 잃게 될 것이고, 자기의 양 떼를 돌보지 않는 목자는 늑대들이 그의 양 떼를 잡아먹는 꼴을 보게 될 것이다. 늑대들이 양 떼를 잡아먹도록 내버려두는 '불명예스런 너그러움'은 절대 너그러움이 아니다. 그것은 무관심이다. 목자는 자기의 잘못을 똑바로 직시하고 제대로 대처해야 한다.

지금은 성경을 믿는 그리스도인들이 균형 잡힌 미덕들을 함양하고, 사람들 틈에서 하나님의 자녀요 만세(萬世)의 상속자로 살아가기 시작해야 할 때이다. 온 세상과 교회의 대부분이 이런 삶에 저항하기 때문에 쉽지는 않겠지만, 그래도 "만일 하나님이 우리를 위하시면 누가 우리를 대적하리요"(롬 8:31)라는 말씀을 붙들고 나아가야 한다.

하나님의 길에 우연은 없다

초판 1쇄 발행	2017년 8월 21일
초판 16쇄 발행	2024년 8월 2일

지은이	A.W. 토저
옮긴이	이용복

펴낸이	여진구		
책임편집	이영주		
편집	박소영 최현수 안수경 김도연 김아진 정아혜		
책임디자인	마영애 | 노지현 조은혜 이하은		
홍보·외서	진효지		
마케팅	김상순 강성민	마케팅지원	최영배 정나영
제작	조영석 허병용	경영지원	김혜경 김경희

303비전성경암송학교 유니게 과정 박정숙
이슬비전도학교 / 303비전성경암송학교 / 303비전꿈나무장학회

펴낸곳	규장

주소 06770 서울시 서초구 매헌로 16길 20(양재2동) 규장선교센터
전화 02)578-0003   팩스 02)578-7332
이메일 kyujang0691@gmail.com   홈페이지 www.kyujang.com
페이스북 facebook.com/kyujangbook   인스타그램 instagram.com/kyujang_com
카카오스토리 story.kakao.com/kyujangbook
등록일 1978.8.14. 제1-22

ⓒ 한국어 판권은 규장에 있습니다.
이 출판물은 저작권법에 의해 보호를 받는 저작물이므로 무단 전재와 무단 복제를 할 수 없습니다.

책값 뒤표지에 있습니다.
ISBN 978-89-6097-506-4 03230

규 | 장 | 수 | 칙

1. 기도로 기획하고 기도로 제작한다.
2. 오직 그리스도의 성품을 사모하는 독자가 원하고 필요로 하는 책만을 출판한다.
3. 한 활자 한 문장에 온 정성을 쏟는다.
4. 성실과 정확을 생명으로 삼고 일한다.
5. 긍정적이며 적극적인 신앙과 신행일치에의 안내자의 사명을 다한다.
6. 충고와 조언을 항상 감사로 경청한다.
7. 지상목표는 문서선교에 있다.

하나님을 사랑하는 자 곧 그의 뜻대로 부르심을 입은 자들에게는 모든 것이 合力하여 善을 이루느니라(롬 8:28)

규장은 문서를 통해 복음전파와 신앙교육에 주력하는 국제적 출판사들의
협의체인 복음주의출판협회(E.C.P.A:Evangelical Christian Publishers
Association)의 출판정신에 동참하는 회원(Associate Member)입니다.